가족과 함께 하는 세계여행

노마드처럼 떠나라!

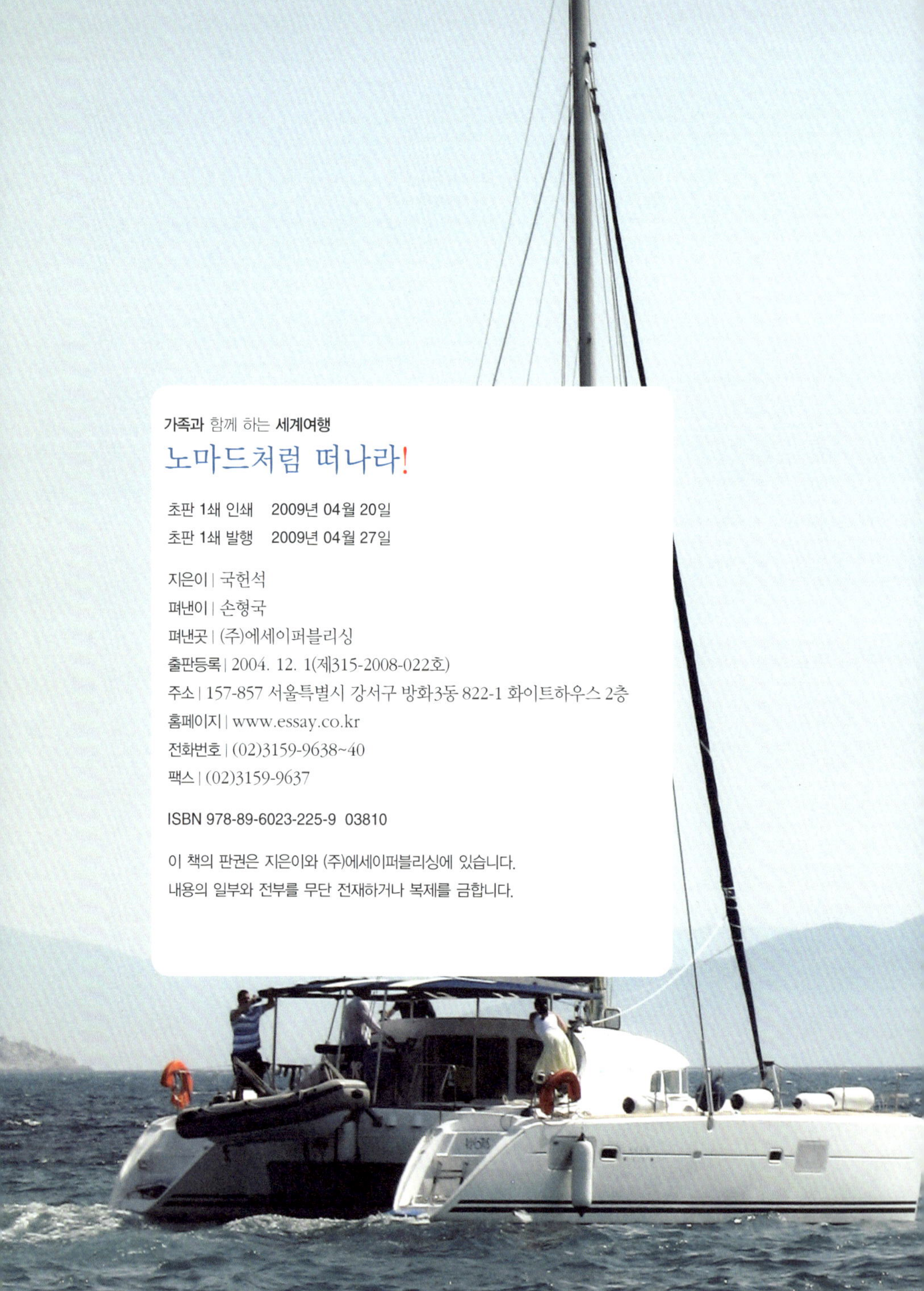

가족과 함께 하는 세계여행
노마드처럼 떠나라!

초판 1쇄 인쇄 2009년 04월 20일
초판 1쇄 발행 2009년 04월 27일

지은이 | 국헌석
펴낸이 | 손형국
펴낸곳 | (주)에세이퍼블리싱
출판등록 | 2004. 12. 1(제315-2008-022호)
주소 | 157-857 서울특별시 강서구 방화3동 822-1 화이트하우스 2층
홈페이지 | www.essay.co.kr
전화번호 | (02)3159-9638~40
팩스 | (02)3159-9637

ISBN 978-89-6023-225-9 03810

가족과 함께 하는 세계여행

노마드처럼 떠나라!

글 · 사진 | 국헌석

ESSAY

Prologue

2007년 10월 생애 첫 번째 수필집을 발간하고 어언 2년여의 세월이 흘렀다. 앞으로는 글을 쓰는 일이, 더욱이 신상과 관련하여 책을 출간하는 일은 결코 없을 거라던 나만의 예감이 지금 무너지고 있는 것이다.

본디 글 쓰는 일을 업(業)으로 삼는 전문 작가도 아닌 입장에서 첫 번째의 시도도 만만치 않은 도전이었음을 인지하고 있었던바 감히 능력을 넘어서는 또 다른 도전은 꿈에도 생각지 못할 일이었다. 그런데 이렇게 다시금 출판을 결심하고 나니 너무도 형형한 두려움이 내 앞을 막아선다.

'멋모르고 저질렀던 2년 전과는 달리 지금은 마치 사람들 앞에 벌거벗은 내 몸뚱이를 드러내기라도 한 것처럼.'

수필집을 발간하고 난 이후 한편으론 뿌듯한 일도 있었다. 1년 전 캐나다를 방문했을 당시 그 곳에서 우연히 알게 된 교민 한 분이 책을 구매해 보셨다며 무척이나 반가워도 하셨고 대학 시절에 붙어 지내던, 그러나 어느 사이 소식이 끊겨버린 막역지우(莫逆之友)에게서 뜻하지 않은 연락이 오기도 했던 것이다.

그러나 무엇보다도 큰 기쁨은 나의 아이들이 '아빠는 그저 생활을 책임지는 가장으로 그 외로는 아무런 생각 없이 시간에 몸을 맡기면서 생을 낭비하고 있지는 않다'는, 그래서 그들이 더욱 분발할 수 있는 계기를 제공할 수도 있겠다는 점에서 내겐 더할 수 없는 기쁨으로 남는 것이다.

큰 두려움으로 독자들을 대면하기에 앞서 이 책에, 여행기에 관하여 간략한 설명을 올리고자 한다.

'여행이란 무엇인가'라는 나만의 여행에 관한 정의 또는 관점이라고도 할 수 있겠다.

첫째 여행을 통하여 스스로를 고찰하고 나아가서는 발전이나 도약의 계기로 활용하고 있었다는 점이다. 둘째는 가족과의 여행으로 아직은 자아의 형성이 덜 됐을 나의 아이들에게 유적지로의 탐사, 자연과의 한결음 더 다가선 만남 등을 통하여 그들이 향후 성장하는데 조금이라도 도움을 줄 수 있는 관계의 여행, 교육의 여행이 그것이다.

셋째 머릿속을 완전히 비워버리고 철저하게 쉬는 바캉스가 또 다른 하나이다. 쉬는 여행이란 말 그대로 복잡다단한 대도시의 생활에서 잠시 벗어나 앞으로의 생활에 활력을 불어넣어 줄 수 있는 여행을 일컫는 것이다. 이는 가족과 아니면 마음이 맞는 친구들과 길을 나섬으로써 특히 근래 들어 트렌드가 되고 있는 현지인처럼 살아보기, 다시 말해서 여행지에서 여행지로 그리고 일정에 쫓기는 패키지 방식의 여행이 아니라 따로 만들어놓은 스케줄 없이 그저 느긋하게 현지인처럼 방문지의 구석구석을 기웃거려 보는 것을 의미한다.

이렇게 여행을 하다보면 스스로의 바운더리(Boundary)를 더욱 넓혀가는 계기를 만들 수 있을 뿐만 아니라 나아가서는 우리가 터전을 두고 있는 대한민국이라는 공동체를 돌아보고 현재 우리의 위치를 세계 속에서 판단할 수 있는 기회도 엿볼 수 있는 것이다.

그런 측면에서 볼 때 이 책은 스스로를 고찰하는 여행, 나 너 우리가 함께 만들어가는 관계의 혹은 교육의 여행, 그리고 공동체를 돌아보는 여행, 마지막으로는 마음을 놓아두고 쉬어가는 바캉스까지 포함하여 크게 4가지로의 분류가 가능하다. 부디 독자 여러분께서 기꺼이 금번 여행에 동참하시어 조그마나마 즐거움을 찾게 되기를 바라마지 않는다.

내겐 금번의 출간이 더 하나의 의미를 갖는다. 전혀 의도한 바 없이 첫 번째의 책은 부친의 고희를 맞이하여 출간되었고, 그래서 나의 아버지께 헌정하는 책이 되었다. 그런데 올 2009년도는 어머니께서 고희를 맞는 해로, 금번은 어머니께 바치고 싶은 것이다.

책이 나오기까지 개인적인 시간을 갖는다고 가족들에게 조금은 소홀했을 것이기에 당연하게도 나의 아내 현주와 아이들 유진, 관우에게 진심으로 감사하는 마음이다.

2009. 3.22

광화문 오피스에서

contents

Prologue

Ⅰ. 힘이 되는 가족

다람쥐와 춤을 14

10박 11일간 프랑스 체험기 24

승봉도에서 생긴 일 71

스트랫포드로 빠져들다 80

지중해에서 즐겨야 할 두 가지 86

Ⅱ. 더불어 사는 아름다움

대둔산이여, 그 빼어남을 더는 자랑하지 말라 96

캐나다, 이민자의 천국? 105

북한산 도토리를 아시나요? 114

Ⅲ. 변화와 도전

사이고 다카모리를 만나다 120

해남 땅끝 마을에서 129

도쿄에는 지브리 박물관이 있다 147

피할 수 없는 현실, '노마디즘' 159

걷는다는 것은 165

특히나 과거 찬란했던 문명을 꽃피웠던 국가로의 여행은 '역사에 영원한 승자는 없다'는 불변의 진리를 일깨워준다.

이슬람 문명권으로의 여행은 우리가 얼마만큼이나 타문화에 관하여 배타적인 서구의 기독교적 역사관에 익숙해져 있는지 그 정도를 새삼 느낄 수 있다.

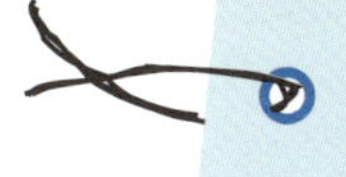

가족과의 여행은 아직은 자아의 형성이 덜 됐을 아이들에게 자연과의 한걸음 더 다가선 만남 등을 통하여 그들이 향후 성장하는 데 조금이라도 도움을 줄 수 있는 관계의 여행, 교육의 여행이다.

MYT
CREAT
DRAGONS, UNICO
AMERICAN MUSEUM
EXIT

I.
힘이 되는 가족

다람쥐와 춤을

거리마다 크리스마스 캐럴이 흐르고 호화롭게 장식된 쇼윈도는 사람들의 눈길을 잡아끈다. 멋진 수염을 단 산타클로스가 길모퉁이에서 춤을 춘다. 가게 앞에는 각양각색의 장난감도 잔뜩 쌓여 있다.

엄마는 다섯 살짜리 아들이 눈을 번쩍거리며 기뻐할 것이 틀림없을 거라 생각했다. 그런데 예상과는 달리 아들은 엄마의 코트에 매달려 훌쩍훌쩍 울기 시작했다.

"왜 그러니? 울고만 있으면 산타할아버지가 안 와요. 어머나, 구두끈이 풀어졌구나."

엄마는 길바닥에 무릎을 대고 아들의 신발 끈을 고쳐주며 무심코 시선을 돌렸다.

아무 것도 보이지 않았다. 아름다운 쇼윈도의 장식도, 산더미 같은 장난감도 눈에 들어오지 않는다. 눈에 들어오는 것은 온통 어른들의 굵은 다리와 히프가 서로 밀고 밀치면서 지나가는 통로뿐이었다. 너무도 무서운 광경이었다.

뉴욕은 국제 정치, 경제, 문화의 중심지로 세계의 수도로도 불린다.

엄마가 다섯 살짜리 꼬마의 눈높이에서 세상을 바라본 것은 이번이 처음이었다. 엄마는 너무 놀란 나머지 곧바로 아이를 데리고 집으로 돌아왔다. 그리고 다시는 자신을 기준으로 한 즐거움을 아이에게 강요하지 않겠다고 다짐했다.

위의 발췌문은 〈승자의 심리학(The Psychology of Winning)〉에서 저자인 데니스 웨이틀리 박사가 '입장'에 대해 설명하기 위하여 사례로 든 이야기 중 하나다.

지금부터 나는 지난여름의 뉴욕여행에 관하여 이야기하려 한다. 그 여행이 적어도 '우리 아이들에게는 그러하지 않았을 거라' 추호도 의심치 않으면서 말이다.

이삼년 전부터 여름이 오면 의례히 애들 엄마는 아이들의 영어 학습을 위하여 미국으로 발길을 옮기곤 했다. 다행히도 중부 아이오와 주에 애들의 고모할머님이 계시는 까닭에 아이들과 엄마는 생면부지의 땅에서 아무런 문제없이 영어 공부에 전념할 수 있었는데 2007년 올해는 나도 어찌어찌 시간을 내어 중간쯤에나마 그들과 합류하게 되었던 것이다.

힘겹게 시간을 짜내어 휴가를 계획하였던 내 입장도 한 몫 했었지만 그것보다 그간 엄마 혼자서는 감히 엄두를 못 내었던 여행을 아빠까지 가세한 마당에 그냥 지나칠 수 없는 일이었다.

먼저 플로리다 주 올랜도(Orlando)에 위치한 디즈니월드를 떠올렸다. 디즈니월드라 하면 전 세계 어린이들의 꿈, 그 자체로 더 이상의 설명이 필요 없는 곳 아닌가.

그러나 사전에 별 계획 없이 급작스레 움직이려다 보니 여행경비에 상상을 초월하는 비용을 들여야 했다. 우선 비행기 티켓 값이 여름 성수기였기에 하루하루 지날 때마다 천정부지로 치솟고 있었고 호텔 경비도 도저히 감당키 어려운 수준이었다.

그래서 차선책으로 아이들에게 설득을 시작한 것이 뉴욕여행이었다. 뉴욕은 국제 정치, 경제, 문화의 중심지로 세계의 수도로도 불린다는, 그래서 너희들에게도 볼거리가 많아 꼭 한번은 보여주고 싶었다는 다소 상투적인 설명을 필두로 해서 아빠가 이십대 청년시절 젊음을 불사르며 공부했던 장소로, 아빠의 발자취와 추억을 더듬어볼 수 있는 절호의 기회라는 부연 설명까지 동원해가며 결국 뉴욕으로 행선지를 정하게 되었던 것이다.

7월말 그 여름의 뉴욕은 유독 무더웠다. 십여 년 가량의 유학 시절 동안 이러한 기후를 경험했던 적이 있었는지 연신 고개를 갸우뚱거리게 하는, 마치 사우나에 들어앉아 있는 것 같은 갑갑함이 목구멍을 턱턱 조이고 있었다. 뉴욕의 첫날은 그렇게 습한 무더위에 별 도리 없이 적응해 가야하는 우리 네 식구의 힘겨운 사투로 어렵사리 저물어 갔다.

뉴욕에 대한 우리들의 탐사는 둘째 날에 이르러서야 본격적으로 시작되었는데, 여기서 잠깐 우리 네 식구가 일주일 기준으로 여정을 짰던 곳을 소개하자면 9 · 11 테러의 현장인 그라운드 제로를 둘러보고 그 근처에 위치한 자유의 여신상을 돌아 유엔본부와 메트로폴리탄 뮤지엄, 자연사 박물관(American Museum of Natural History) 탐방, 그리고 뮤지컬 라

9 · 11 테러의 현장 그라운드 제로에서

반기문 전 외무부 장관이 수장으로 있는 유엔본부를 방문하여.

이온 킹 관람이 그 주요 일정이었다.

금번 여행에 대한 개념은 이러했다. 첫째, 그간 아빠 아니면 여행사에서 일정을 짜주는 그래서 편안히 몸만 따라가면 모든 볼거리, 음식 등이 해결되는 다소 럭셔리한 여행방식에서 탈피하기로 했다.

큰 아이가 열한 살 그리고 작은 아이가 아홉 살로 이제는 그들 스스로 자기 몸을 건사할 정도가 되었으니 철저히 대중교통을 이용하는 한편 식사도 그들과 상의하여 때로는 허름한 델리에서 때로는 길가 좌판 대에서 주어진 상황에 맞춰 해결해 가는 배낭여행 방식을 따르기로 했던 것이다.

둘째, 반기문 전 외무부 장관이 수장으로 있는 유엔본부를 방문하여 아이들이 '대한민국을 모국으로 두고 있다' 는 자신들의 아이덴티티에 대한 자긍심과 더불어 '나도 할 수 있다' 는 도전의식을 일깨워주는 한편 박물관

〈박물관이 살아있다〉는 영화가 기억에 남았던 탓일까. 아이들은 굳이 공룡 상을 배경으로 사진을 찍겠단다.

뉴욕에서의 10여년 유학 시절에는 메트로폴리탄 뮤지엄 방문이 다른 세상일이었는데 아이들이 생기고 보니 최우선 순위가 되고 말았다.

등의 교육적인 장소를 탐방함으로써 그들의 지적 호기심을 불러일으키는 이른바 교육여행을 모토로 삼았던 것이다.

추호의 의심도 없이, 여행 전으로 아니면 이후로도 그들이 육체적으로나 정신적으로 나의 기대만큼 부합해 주었으리라 여기고 있었다.

그런데 이 글을 정리하기 전 즈음에서 아이들에게 뉴욕여행에 대한 소회를 잠시 묻고 갈 기회가 있었는데 그들로부터 돌아온 답은 의외로 내 스스로가 너무도 당연하다고 생각했던, 내 자신이 머릿속에 그려놓았던 결론에서 한참이나 벗어나 있었던 것이다.

지저분한데다 역겨운 냄새마저 진동하는 지하철역, 길거리 여기저기에 널브러져 있는 홈리스들의 모습이 아직도 생생하다거나 그저 잠시 쉬어가기 위해 들렀던 워싱턴스퀘어 광장에서 그리고 센트럴 파크에서 다람쥐,

비둘기에게 먹이를 주며 뛰놀던 일이 가장 기억에 남는다는 것이었다. 새삼 역지사지(易地思之)가 떠올려지는 순간이었다.

돌이켜보면, 나 역시 전라남도 광주에서 태어나 초등학교를 다녔던 까닭에 방학기간 동안 서울로 나들이하는 것이 커다란 즐거움이었던 어린 시절이 있었다.

아버지께서는 서울 출장을 활용하여 남동생과 나를 데리고 때로는 직접 고궁이니 어린이 대공원을 구경시켜 주시기도 했나하면 잠시 간은 서울에 거주하는 외삼촌댁에 우리를 부탁하시기도 했다.

자연사 박물관은 아이들뿐만 아니라 어른에게도 좋은 볼거리를 제공한다.

센트럴 파크에서 다람쥐에게 먹이를 주는 큰 아이 유진이.

기억 한편으로, 아버지께서는 우리 형제에게 많은 것을 가르쳐 주려 이것저것 열심이셨던 것 같다.

그런데 아무리 파고들고 더듬어 봐도 서울에 머무는 동안 사투리를 쓰는 내 자신이 줄곧 서울 말씨에 주눅이 들어 있었다는 사실이나 사촌형들 집

아이들 어깨 너머로 아빠인 내가 대학원 시절을 보냈던 뉴욕대학의 벽돌색 건물이 조그맣게 모습을 드러낸다.

무대장치, 의상 그 어느 것도 영화에 결코 뒤지지 않는, 뮤지컬 라이온 킹은 참으로 입장료가 아깝지 않는 무대였다.

지저분한데다. 역겨운 냄새마저 진동하는 지하철역이었지만 이에 아랑곳하지 않고 무명의 악사는 진지하게 그만의 연주를 이어가고 있었다.

에서 그들에게 화투치는 법을 배웠고 따뜻한 남도 지방에서는 상상도 할 수 없었던 스케이트장에서 얼음을 지치며 즐거운 한 때를 보냈었다는 것 외에는 달리 기억을 해낼 수 없었다.

아마도 아버지는 창경궁에서 조선의 역사에 대해 열심히 설명을 해주셨을 테고 서울대학교에 데리고 가셔서는 우리에게 웅심(雄心)을 심어주려 여간 노력 정성을 기울이지 않았을 것인데도 말이다.

그렇다면 지난여름, 어떻게 해서라도 그 방도를 찾아내어 디즈니월드로 향했어야만 했던 것일까?

그러나 지금에서도 나는 이에 쉬이 동의가 되질 않는다. 만약 뉴욕으로 향하기 전 시점에서, 우선 아이들에게 권유하고 싶은 방문 장소를 리스트로 만들어 설명하는 한편 그들의 뜻과 바람도 묻고 반영하는, 이를테면 여행 전부터 아이들과 좀 더 호흡을 맞췄더라면 보다 의미 있는 그리고 먼 훗날에도 또렷이 기억에 남을 여행을 만들어갈 수 있지 않았을까 하는 반성을 전제하고 있다면 말이다.

중세기 영국의 철학자 프랜시스 베이컨은 말한다.

"여행이란 어떠한 형태가 됐든 그 자체로 아이들에겐 교육의 일부이며, 연장자에게는 경험의 일부이다."

2007년 여름 뉴욕여행이 애초의 욕심과는 달리 내 아이들에게 지저분하다거나 혹은 아름답다거나 하는 즉물적인 인상으로 채워져 있었다지만 유엔본부를 방문하는 동안 알게 모르게 스며들었을 세찬 기운들이 스르르 세포 속에 녹아들어 그들의 앞길을 튼실하게 다져주는 영양분으로도 축적

되었으리라 위안을 삼아본다.

어찌됐든, 아예 안하는 것(Not do)보다는 해보는 것(Do)이 백번 나을 일이 아닌가.

10박 11일간 프랑스 체험기

2008년 2월 23일 토요일

순식간에 기내로 가볍지 않은 침묵이 구석구석 내려앉는다. 객실 승무원들이 석식 제공을 마치자마자 소등을 한 탓에 잠시들 눈을 붙이고 있는 것이다. 어깨 너머 내 옆 자리로는 집사람과 아이들이 나란히 붙어 앉아 영화 감상에 푹 빠져서는 모니터에서 눈을 뗄 줄 모른다.

언제 적부턴가 아이들의 봄방학을 이용하여 프랑스 여행을 다녀오자는 아내의 요청을 죽 귓전으로만 흘려듣던 중에 어느 날 문득, '프랑스 학교 다니는 아이들에게 정작 프랑스 구경은 안 시켜줄 거야? 거기서 살다 온 애들 친구만도 한둘이 아닌데, 정말 무심도 하네!' 번갯불이 튀듯 뒤통수를 강타하는 아내의 일갈에 번쩍 정신이 들어 부랴부랴 여행을 준비하게

방문지였던 네다섯 군데의 성마다 나름의 독특한 건축 양식과 아름다움이 제각각이었다.

매번 여행을 다닐 때마다. 아이들과 엄마는 '게임기를 가져가 겠다느니 허락할 수 없다느니' 실랑이를 벌인다.

된 것이다.

그럼에도 불구하고, 등 떠밀리듯 작심을 해서가 아니라 이왕 가는 거라면 아이들에게 프랑스를 제대로 보여주고 경험시켜 주자는 욕심으로 여행 계획을 세워가는 초기에는 이번 여행이 썩 즐겁지만은 않겠거니 싶었다. 불어가 전혀 안 되는 내 입장에서 영어가 얼마만큼 통용이 되고 전에 두어 번 다녀온 적이 있어 그리 낯설지 않은 파리 여행 정도라면 모를까, 이에 그치지 않고 자동차를 렌트해서 지방으로까지 다녀보겠다는 다소 부담되는 계획을 염두에 두고 있었기 때문이다.

사실, 파리만 같으면 여행 기간 내내 숙소를 한 곳에 정해두고 거미줄처럼 쫙 깔려있는 지하철에 의지하면 굳이 계획이랄 것도 없겠지만 지방으로의 자동차 여행을 고려하다 보니 날마다 장거리 이동을 해야 한다는 체력적인 부담에 미리 일정을 짜기가 곤란한, 이를테면 프랑스 지리에 대한 감이 전무한 탓에 하루를 마감할 도시를 부득이 현지에서 정해야 하고, 그러므로 그 끝에는 매일같이 금쪽같은 시간을 호텔을 찾느라 허비해야 할지도 모른다는 불안감마저 더해져 막막할 따름이었다.

게다가 어느 지역까지를 이번 자동차 여행의 범주로 포함시켜야 할지, 가능한 한 많이 보여 주고픈 아빠의 마음과 주어진 시간이라는 현실 사이에서 최적의 답을 구해야 하는 문제까지 온통 숙제투성이었다. 이곳저곳으로 우리와 유사한 여행 경험이 있는 지인들을 수소문하여 조언을 구하느라, 일정을 짜느라 그간 보름가량의 준비 기간을 정신없이 보내고 있었던 것이다.

이제는 그러한 정신적인 부담감에서 벗어났다는 사실 하나만으로도 충분히 홀가분해지는 느낌이다. 여하간 흡족할 만큼 마음에 들든 아니든 간에 일정은 이미 확정된 상태이고 앞으로는 몸으로 부딪히는 일만 남았으니 말이다.

몽롱한 상태에서 비디오를 보다 언뜻 잠이 들었나 싶었는데 어느새 열두어 시간의 비행이 끝나가는 모양이다. 점등이 되면서 기내가 어수선해지는 통에 서서히 잠에서 깨어 시선을 젖히니 창밖으로 미니어처 같은 가옥이며 건물이 시야에 들어온다.

예상과는 달리 테러의 위험에 상시 노출되어 있다는 유럽의 공항치고는 그리 어렵지 않게 세관을 통과하여 공항 밖 버스 승차장으로 발길을 옮기고 있었다. 그런데 애초 계획은 공항에서 파리 중심가에 위치한 호텔까지 버스로 이동하는 것이었으나 별안간 7인승 자가용 밴에 승차하게 된 것이다.

자가용 밴을 사전 예약하여 이용할 경우 파리 시내까지 우리 돈으로 약 30만원을 지불해야 한다고 들었던 까닭에 정작 한국에서는 활용 불가능한 옵션으로 여기고 있었으나 여행 가이드로 보이는 한국인 청년이 턱도 없을 것 같은 9만원을 선선히 제시하고 있었던 것이다.

한 순간의 주저함도 망설임도 없었다. 오는 동안 내내 기내에서 서너 편의 영화를 시청하느라 이미 토끼눈이 되어버린 아이들과 엄마며, 한참을 뒤척이다가 겨우 선잠에 만족해야 했던 나의 노곤한 몸이 벌써 머릿속 셈을 앞질러 밴으로 향하고 있었기 때문이다. 게다가 공항버스에 몸을 실을 경우 호텔까지는 목적지 역에서 하차해서도 이십여 분의 도보가 더 필요하다는 사실 또한 무의식중에 감안되었으리라.

다른 때 같았으면 눈을 반짝거리며 창밖 풍경에 넋을 잃고 있겠지만 지금은 공항에서 시내로 들어가는 내내 파리 시가지의 모습이 영 눈에 들어오지 않는다. 아마도 빨리 도착해서 간단히 저녁을 때우고 잠자리에 들고 싶어서였을 것이다.

오후 여덟시가 되어서야 호텔에 발을 들일 수 있었다. 인터넷을 통하여 미리 예약해 두었던, 우리가 앞으로 나흘간 머물 예정인 오페라 카디트(Opera Cadet)는 5층의 높이로 짐작되는, 그러나 어디에서부터 어디까지가 호텔인지 분간이 안 될 정도로 빌딩 숲 사이에 꽁꽁 갇혀 있는 모습이었다.

체크인을 마치고 방에 들어서니 대개 유럽의 호텔이 그러하듯이 이곳도 방 크기가 네 사람이 쓰기에는 약간 작아 보이는 정도다. 우리 네 식구는 누가 먼저랄 것도 없이 발을 들여 놓자마자 여행 가방은 내팽개치고 침대부터 찾아 몸을 누이고 있다 한참이 지나서야 기내에서의 군 냄새가 잔뜩 배어 있는 옷가지를 훌훌 벗어젖히고 짐을 풀기 시작했다. 그런데 여느 때와 같이 이번에도 빨래를 도맡을 것 같던 집사람이 느닷없이 안면을 바꾸는 것이다.

출발하기 전, 당연히 빨래를 해주겠지 싶어 아예 속옷도 네 벌 이하로 겉옷도 단벌에 여분 하나만 준비했었는데 집사람 왈,

"지금부터 한사람씩 차례차례 욕실로 들어가 각자의 빨래를 해결하고 알맞은 장소를 찾아 건조해 주세요."

양말이며 속옷을 하나씩 거머쥔 우리는 아직도 다소 거북스러운 표정으로 라디에이터에 걸쳐두고 재빨리 침대에 몸을 쑤셔 넣는다.

2008년 2월 24일 일요일

상당히 깊은 잠에 취해 늦잠을 자지 않았나 싶었는데 아직도 밖은 칠흑 같은 어둠에 묻혀 있었고 아이들은 미동도 없이 침대 모서리에 걸터앉아 게임기에 빠져든 모습이다. 애들이 시차에 더 민감한 걸까?

"너희들은 안 피곤하니?"

정적을 깨기 싫었던지 내 목소리가 모기만 하게 새나온다.

아이들은 흘끗 나를 한번 쳐다보더니 눈 맞출 새도 없이 입으로만 웅얼웅얼 아침 인사를 하고 게임기로 이내 눈길을 거둬들인다. 그 어색함이란, 아빠는 왜 이리 일찍 일어나셨는지, 마치 조금 더 눈을 붙이고 있기를 바라는 눈치다.

매번 여행을 다닐 때마다 게임기를 가져가겠다느니 허락할 수 없다느니 실랑이를 벌여 왔었는데, '시간과 적지 않은 돈을 들여 여행에 나선 것이라면 하나라도 눈에 담아두고 경험을 해야지 게임에 정신이 팔려 정작 집에서와 마찬가지로 게임기에 매달린다면 여행의 의미가 무엇이겠느냐' 는 것이 엄마의 논리였던 반면에 '공항에서 비행기 탑승을 기다리는 시간에 그리고 여행 중이라도 틈틈이 생기는 자투리 시간만을 활용하겠다는' 아이들의 주장이었다. 결국 애들의 읍소에 엄마가 물러서고 말았던 것이다.

새벽 여섯시 경. 드디어 집사람의 재촉으로 우리 모두는 부산을 떨기 시작했다. 한 쪽에서는 퀵 샤워를 하고 텔레비전에서는 프랑스 말 특유의 감미롭기는 하나 한없이 감겨드는 이십대 후반 쯤 돼 보이는 여자 아나운서의 목소리가 끝없이 이어지고 있었다.

내게는 프랑스 말이 그야말로 외계인의 언어와 다를 바 없겠지만 아이들은 꽤 알아듣는 눈치다. 프랑스어에 완전 문외한은 아닌 애들 엄마가 짐짓 무슨 소리냐고 물으니 곧잘 통역을 하는 것이다.

'그래도 그간 공부한 보람이 있었네?'

집사람과 나는 눈웃음으로, 짤막한 뿌듯함을 교환하고는 1층에 자리한 뷔페식당으로 내려갔다. 식사가 거의 끝나갈 무렵 이번에도 집사람이 여지없이 아줌마 근성을 발휘하기 시작한다. 내 눈치를 슬슬 살피더니만 버터와 잼을 잔뜩 바른 바게트 빵을 냅킨에 둘둘 말고 귤과 바나나까지 주섬주섬 챙기는 것이다.

유로화가 너무 세고 더구나 물가마저 만만치 않으니 챙겨갈 것은 챙기자는 얘기다. 잠시 인상은 찌푸렸지만 마지못한 듯 나는 아내가 준비한 간식거리를 파카 안쪽 양 주머니에 깊숙이 찔러 넣고 식당 문을 나섰다.

우리와는 달리 지하철 문화가 대중교통 체계에 일찍이 포함되어 형성되었던 때문인지 지상에서 역까지가 그리 깊지 않아 내려가는 길이 무척 수

월하다.

식구들을 대동하여 작년 여름에 파리를 다녀왔다던, 친구 김진성 군의 말마따나 앞으로 수없이 지하철을 애용해야 하는 우리의 입장에서는 이곳 파리의 지하철 구조가 다소나마 발품을 줄이는데 도움이 되겠다 싶어 여간 다행스럽지 않다.

오전 여덟시가 조금 넘어선 시각, 파리에서의 첫 번째 방문지인 방베(Vanve) 벼룩시장에 도착해 있었다. 오늘이 일요일인 관계로 문을 닫는 여행지가 많을 걸로 여겨 오늘 하루는 주로 야외 명소를 찾아다니며 시간을 보내기로 했던 것이다. 여기 방베 시장을 제외하고도 파리에는 두서너 곳에서 벼룩시장이 더 들어선다는 사전 정보가 있었지만 방베 시장만이

오전 여덟시가 조금 넘어선 시각, 파리에서의 첫 번째 방문지인 방베 벼룩시장에 도착해 있었다.

얼굴은 웃고 있으나 등에서는 뭉글뭉글 땀이 피어오른다.

십여 분을 넘게 지켜봤건만 미동도 없이 앉아있는 게 정말 조각인지 싶을 정도였다.

지하철역에서 하차하여 평지로부터 찾아드는 몽마르트는 오늘이 처음이었다.

그나마 아담한 사이즈로 구경에 많은 시간을 허비할 필요가 없을 것 같아 이곳을 방문한 것이다.

내심으로는 예술의 고장 파리에서 그것도 비교적 가격 부담이 없는 벼룩 시장에서 자그마한 골동품이나 그림을 구입할 수도 있겠다는 심리도 작용하고 있었으리라.

아직도 이른 시각임을 알리듯 이 곳 저 곳으로 상인들이 물품을 진열하려 분주하게 손을 놀리고 있었고 몇 몇의 방문객들은 벌써 마음에 드는 물건을 발견했는지 지갑을 꺼내드는 모습도 종종 눈에 띈다.

역시나 집사람은 액세서리 코너 주변을 맴맴 돌며 시간을 보내고 있다. 열심히 이것저것을 물어보고 착용해 보더니만 별안간 내 손을 잡아끈다.

몽마르트 언덕을 넘어서니 구름 같은 인파가 발길을 막아선다.

미니 기차는 금세 우리를 역 근처에 떨어뜨리고는 잽싸게 꽁무니를 뺀다. 지하철 역 물랭 루주(Moulin Rouge) 극장 앞에서.

얼굴에, 마음에 드는 물건을 발견했다는 표시가 역력했음에도 불구하고 더 이상 관심이 없다는 듯 태연하게 자리를 뜨는 것이다. 캐물어 보니, 가격이 좀 터무니없는 면이 있어 후에 돌아와 재차 흥정을 시도해 보려는 의도란다. 그러나 구경을 모두 마치고 돌아서는 길은 빈손인 채였다.

이곳 상인들은 우리나라에서와 같이 호객에 열중하지도 않고 자기네들끼리 삼삼오오 짝을 지어 카드놀이에, 아니면 잡담에 연방 웃음을 내지르면서 정작 돈 버는 데는 별 무관심한 태도다. 심지어는 물건 값을 깎으려 들면 고개를 외로 꼬고 대꾸조차 안 하려 드는 것이, 이들은 전업 상인이 아니라 집에서 별 달리 일도 없고 해서 주말마다 이곳에 마실 오는 셈 치는 게 아닌가는 상상이 들 정도였다.

처음 맞는 파리의 아침 날씨가 그리 춥지는 않았으나 실외에서 적잖이 시간을 보냈던 탓에 지하철 안에서 조차도 으스스 한기가 느껴진다.

방베 벼룩시장에서 두서너 정거장 내로 카타콩베(Catacombe)라는 지하 공동묘지가 있다고 하여 잠시 들러 가기로 했다. 거개가 관광 명소라고 하면 그 주변이 방문객들의 발걸음으로 분주한 모습일 텐데, 역 주변 사방을 둘러봐도 지나치는 행인들뿐이다. 그렇게 묘지 입구를 찾지 못하고 삼십여분을 넘게 주위를 뱅뱅 돌다 막상 도착해 보니 손바닥만 한 팻말에, '지금은 폐쇄 중이며 3월 중에 재개장 예정' 이라는 것이다.

오전 중의 한기 때문이었는지 아니면 그 허탈함 때문이었는지 유진이가 갑자기 배가 안 좋다는 것이다. 그렇지 않아도 한국에서부터 배가 아프다 하여 병원을 왔다 갔다 했었는데 잔뜩 찌푸려져 있는 얼굴이 그리 쉬이 가라앉을 기세가 아니다. 급기야는 배를 움켜쥐고 호텔로 돌아가자고 읍소를 한다. 상태를 가늠할 수 없으니 오후쯤 돼서야 다시 나설 수 있을는지 혹 여행 첫날부터 호텔방에 앉아 하염없이 아이의 상태가 호전되기만을 기다리면서 하루를 공치고 마는 게 아닌가 싶어 점점 좌불안석이다.

'그보다도 만약 병원을 찾아야할 만큼 몸 상태가 더 나빠진다면'

호텔방에 들어선 처음 얼마간은 엄마가 건네준 약을 간신히 넘기고 잔뜩 웅크린 채 침대에 엎드려 꼼짝을 못했는데 차츰 편안한 자세로 바뀌면서 어느덧 만화영화를 봤다, 졸다가를 반복 중이다. 모양새가 조금씩 컨디션을 회복하는 듯하다. 유진이에게 슬슬 나가보는 게 어떠냐며 의사를 물었더니, 그렇게 하잔다. 물이며 간단한 요깃거리를 배낭에 챙겨 넣고 다시 호텔 문을 나섰다.

오후 세시가 넘어선 거리 풍경은 말 그대로 활기로 넘쳐나 있었다. 따사로운 햇살만으로도 파리는 벌써 봄을 영접한 듯했고 그 눈부신 볕이 반가워선지 오전보다 확연히 많아진 사람들이 거리를 활보하고 있었다. 반면에 우리는 고심 끝에 준비했던 겨울 파카가 조금씩 부담스러워지기 시작했다.

실은 떠나오기 전으로, 얄따란 등산잠바를 준비하느냐 아니면 그래도 실외에서 생활해야 하는 시간이 훨씬 더 많을 테니 두툼한 옷을 가져가느냐로 고민 아닌 고민을 거듭했었는데 결국은 꽃샘추위의 가능성까지도 염두에 두면서 파카를 낙점했던 것이다. 아무튼 각자의 옷은 스스로가 책임지기로 하고 우리는 등에서 뭉글뭉글 피어오르는 땀을 참아가며 몽마르트(Montmartre)로 향했다.

두 번에 걸쳐 파리를 방문했을 당시에도 몽마르트는 공히 여행 코스에 포함돼 있었으나 오늘 경험한 몽마르트는 전혀 새로운 모습이다. 그도 그럴 것이 첫 번째는 파리의 모 대학원에서 불문학을 전공하고 있던 고등학교 동창을 방문하여 그 녀석의 승용차 옆자리에 앉아, 다음에는 부모님과의 패키지여행 중에 들렀던 것인데 두 차례 모두 몽마르트의 진면목은 정작 놓치고 있었던 것이다. 지하철역에서 하차하여 평지에서부터 찾아드는 몽마르트 언덕은 오늘이 처음이었다.

기실, 이전처럼 성당을 한 번 죽 둘러보고 언덕 아래로 펼쳐져 있는 파리 시내의 전경을 감상하는 것에 만족한다면 파리에서만도 손으로 꼽을 수 없으리만치 더 나은 장소가 널렸을 것이며 아직도 몽마르트의 이미지나 명성에 빌붙어 사는 삼류 화가들의 시답잖은 그림을 구경하는 것에 또 다른 위안을 삼는다면 파리에서도 방문해야 할 갤러리나 미술관이 수없이 많을 것이다.

여행이란, 개개인이 취득한 간접적인 지식을 직접 눈으로 확인해 가는 과정이라고는 하나 단지 널리 알려져 있는 결과물만을 확인하는 것에 그친다면 결국 반쪽의 체험일 수밖에 없다는 나름의 결론을 내려 본다.

'무릇 여행이 더 여행답기 위해서는 여행자에게 그 역사적인 결과물을 앞뒤로 하여, 그 비워진 공간을 채워주는 상상력이 동반되어야 하지 않을까?'

과거 18~19세기경 유럽 각지에서 모여든 수많은 예술가들이 어찌하여 몽마르트의 주변 풍광을 배경삼아 그림을 그렸던 것인지 오르는 길 내내 좌우로 죽 늘어선 키 작은 마을마다 그들이 뿜어내는 독특한 미적 향취와 이에 어우러지는 고즈넉함이 답을 하고 있었고 교통수단이 발달하지 않았던 당시의 상황을 감안한다면 오르는 길이 이토록 가파르고 험난하니 외면 받는 땅 몽마르트에 돈 없는 예술가들이 꾸역꾸역 몰려들 수밖에 없었을 저간의 사정을 헤아려볼 수 있었다.

반면에 우리 집 꼬마 아이들은 아빠가 무슨 재밌는 상상을 하는지 내 알 바가 아니라는 듯 어떤 설명을 해줘도 다리가 끊어질 것 같다며 쉼 없이 투덜대기 시작한다.

어느덧 언덕을 넘어서니 구름 같은 인파가 발길을 막아선다. 젊은 커플들이, 그리고 우리처럼 아이들의 고사리 손을 이끌고 길을 나선 엄마와 아빠들로 몽마르트 언덕은 발 디딜 틈조차 없다. 순간 돌아설까 하는 마음을 꾹 누르고 이왕 내친걸음이다 싶어 삼삼오오 커플들이 똬리를 틀고 앉은 잔디밭으로 건너가 크레페와 오렌지 주스로 간단한 요기를 한다.

뱃속도 든든해지고 어느 쯤엔가 언덕 아래쪽에서 제법 불어대는 소슬바람에 등짝까지 서늘해져 가는 것이 눈꺼풀을 슬슬 누르기 시작한다.

몽마르트 주위를 순환하는 'Petit train'이라 불리는 미니 기차를 타고 내려오는 길은 오르던 길에 그 많던 사람들이 언제, 어디로 사라졌나 싶게 한산함 그 자체다. 미니 기차는 내내 올랐던 길이 억울해질 만치 금세로 우리를 역 근처에 떨어뜨리고는 잽싸게 꽁무니를 뺀다.

지하철 역 물랭 루주(Moulin Rouge) 극장 앞에서의 기념사진을 끝으로, 우리 가족은 몽마르트와는 이별을 고하고 드디어 오늘의 종착지인 유람선 선착장으로 향했다.

세느강에서 유람선 승선만도 이번이 세 번째인 것 같은데 과거에는 어떤 느낌이었는지 도통 기억을 해낼 수가 없다. 아마 이마저도 가이드의 친절한 안내를 받으면서 뒤만 졸졸 따르면 되는 수동적인 여행을 했던 탓이리라.

나나 집사람은 세느강 변을 따라 점점 더 점등의 속도를 높여가는 구 시가지의 환상적인 야경에 등을 붙일 새가 없는데 아이들은 의자에 깊숙이 몸을 파묻고 이따금씩 코까지 드르렁거린다. 그도 그럴 것이, 오늘 아침 새벽같이 일어났으니 이제는 시차가 밀려드는 탓일 게다.

그런 아이들의 모습이 한편은 측은도 했으나 언제 다시 볼 야경이겠나 싶어 마음을 독하게 먹기로 했다. 꾸벅꾸벅 조는 아이들을 흔들어 깨워 말을 시키기도 했다가 자리에서 벌떡 일으켜도 봤지만 이도 저도 신통치가 않다. 다시금 의자에 앉히면 금세 고개를 떨어뜨리고 마는 것이다.

세느 강변을 따라 유유히 유영하는 백조의 모습. 아이들은 또 얼마간이나 그 백조에게서 눈을 떼지 못한다.

오전 중으로는 주요 전시물을 위주로 루브르박물관에서 시간을 보냈다.

세느강에서 유람선 승선 중에.

아이들과 실랑이를 하는 사이 유람선은 벌써 선착장에 들어서 있다. 지하철을 탈까 싶었는데, 지금 이 상황에 아들 녀석마저도 탈이 난다면 어쩌나 싶어 이내 마음을 돌린다.

택시를 타고 오는 내내 마음이 편치 않다.

2008년 2월 25일 월요일

얼마나 허겁지겁 뛰어왔는지 가이드가 지하철 역 출구 위로 얼굴을 막 내밀고는 연신 가쁜 숨을 몰아쉰다.

언뜻 연예인 찰스를 닮은 듯하다. 꽁지머리에 콧수염과 턱수염을 듬성듬성 기르고 마른 듯 홀쭉한 몸매가 더욱 그렇다. 관우도 그리 느꼈던 것인지 금세 그 젊은 가이드를 찰스 아저씨라 부르며 뒤를 졸졸 따른다.

토요일 오후 파리에 도착하여 어제 하루는 가족만의 오붓한 여행을 즐기고 – 인지하다시피 그리 간단치는 않았지만 – 한국에서 출발하기 전 미리 예약해 두었던 시내투어를 월요일 아침 만나게 된 것이다.

유럽에서는 우리나라 배낭족들에게 비교적 이름이 알려져 있는 현지 여행사로, 로마나 파리와 같은 유럽의 주요 도시에서 비용 문제에 민감한 우리 젊은이들을 대상으로 시내 관광을 주선하는 업체이다. 그래서 이동수단도 따로 자동차가 제공되지 않고 가이드의 인솔에 따라 지하철 등의 대중교통을 이용한다.

파리 같은 대도시에서야, 굳이 여행사를 통할 필요가 있을까도 싶었지만 주어진 시간을 보다 효율적으로 활용해 보자는 취지에서 오늘 하루를 그들에게 의탁하기로 한 것이다.

눈어림 짐작으로도 어느새 이십여 명을 훌쩍 넘어서 있어 통제를 위해서는 어떠한 조치든 필요하겠거니 싶었는데, 아니나 다를까 조그마한 라디오와 이어폰을 서로 주고받고 확인하느라 찰스 아저씨 주변은 점점 북새통이 돼 간다.

참가자 확인과 더불어 가이드의 본인 소개를 끝으로 시내버스로 이동하여 루브르(Louvre) 박물관으로 자리를 옮기겠다는 멘트가 이어졌다.

드디어 '1호선 관광' 으로 불리는 파리투어가 시작되는 것이다. 파리의 구시가지에 주로 볼거리가 몰려있는 까닭에 그 곳을 관통해 지나는 지하철 1호선만으로도 모두 구경할 수 있겠다 싶어 김진성 군과 내가 한국에서부터 1호선 관광으로 명명했던 것이다.

세계 최고의 박물관 중 하나인 루브르에서도 가장 인파가 많이 몰린다는 모나리자상.

오전 열시가 채 안 되었을 시각임에도 루브르 박물관은 이미 인산인해를 이뤄 벌린 입을 다물지 못하게 한다. 입장을 기다리며 길게 늘어뜨린 줄, 잠깐 한 눈이라도 팔라치면 일행을 놓칠 것 같은 주위의 어수선함으로 이곳 루브르에서만도 아무리 빨라야 하루 이상은 걸리겠는데 어찌 오늘 반나절 만에 그 빡빡한 스케줄이 마쳐질 수 있을지 순간 의문이 든다.

평소 악세사리 공예에 관심이 많은 집사람은 역시 박물관에서도 각종 진귀한 보석에서 눈을 떼지 못한다.

그러나 비밀은 의외로 간단히 풀리고 있었다. 개인이 박물관에 입장하기 위해서는 각자가 표를 끊고 줄을 서야 하지만 단체인 경우 입장이 가능한 출입구가 박물관 측에 의해 따로 제공되고 있었던 것이다. 이것만으로도 금일의 투어가 충분한 값어치를 했다는 생각에 뿌듯해진다.

그렇게 오전 중으로는, 주요 전시물을 위주로 루브르 박물관에서 그리고 점심 이후에는 노트르담(Notre-Dame) 성당과 오벨리스크(Obelisk)를 거쳐 신도시 라데팡스(La Defense)까지 숨 가쁘게 그 일정을 이어오고 아래로부터 위쪽으로 하나 둘씩 점등이 되더니 이제는 화려할 데 그지없는 에펠타워가 검붉은 창공에서 완연히 그 위용을 드러낸다.

있었다.

어느덧 서산으로 해가 뉘엿뉘엿 기울고 있다. 아이들은 시차에 조금은 더 적응이 되어 간 듯 어제와는 영판 다른 모습이다.

아마도 많은 사람들과 함께 한다는 사실이 그들을 들뜨게 한 것일 수도 있고, 자신들을 예뻐해 주는 찰스 아저씨에게 이런저런 설명을 듣고 이야기를 나누면서 구경하는 것이 더 재밌어서인지도 모른다.

이에 반하여 나와 집사람의 발걸음은 어제보다도 더 무거워진 느낌이다. '오늘은 아이들을 부분적으로나마 투어에 맡길 수 있어 다소 긴장이 풀렸던 때문일까?'

라데팡스에서 반 시각 가량의 휴식 시간을 갖고는 마지막 일정인 에펠타워(Eiffel Tower)로 발길을 옮기기 시작했다. 우리 가족은 엊저녁 크루즈를 타면서 세느(Seine)강 선착장을 뒤로 하여 우뚝 솟은 에펠타워의 야경을 이미 체험하고 있었지만 모두들 향하는 걸음이니 주저 없이 동참하기로 했다.

에펠타워의 점등을 목전에 두고서 찰스 아저씨가 준비해온 와인을 곁들이고 있자니 은근히 한 잔 생각이 난다. 그러고 보니 아침에 보았던 찰스 아저씨의 유난히도 불룩한 배불뚝이 가방이 다 이유가 있었던 것이다.

처음에는 아주 작게, 그리고 아래로부터 점점 위쪽으로 하나 둘씩 점등이 되더니 이제는 화려할 데 그지없는 에펠타워가 검붉은 창공에서 완연히 그 위용을 드러낸다. 와인으로 인해 잠시간 오를 대로 오른 오감이 엊저녁의 황홀감과는 사뭇 다른 느낌이다.

한참 동안을 그렇게 넋을 잃고 있는데 끼리 끼리들 작별인사를 시작하는지 주위가 갑자기 어수선해진다. 우리 가족도 툭툭 자리를 털면서 눈인사를 나눈다.

언뜻 연예인 찰스를 닮은 듯하다. 아이들도 그리 느꼈던 것인지 금세 젊은 가이드를 찰스 아저씨라 부르며 그 뒤를 졸졸 따른다.

2008년 2월 26일 화요일

어제는 아무렇지도 않게 펄펄 날더니만, 유진이가 배를 움켜쥐고는 오전에만 쉬면 안 되겠냐는 것이다.

한국에서부터 이미 하루하루 볼거리를 짜놨던 상태인지라 일견 난감하기도 했지만 애가 아프다는데 어찌해볼 도리가 없었다. 다만 아이들에게, 게임은 각각 삼십 분만 허락할 것이며 그 외 시간에는 프랑스 만화를 시청해야 한다는 약조를 단단히 받아놓은 채 나와 집사람 둘이서만 호텔 앞 백화점에 들러보기로 했다.

귀동냥으로도 익히 알고 있었지만 막상 이 곳에서 하루하루 체감하는 파리의 물가는 가히 상상을 초월하고 있었다. 애초에는 패션의 고장 파리에서 멋진 넥타이나 티셔츠라도 고를 수 있지 않을까 내심 기대도 했었는데 우리나라와 비슷한 가격대의 제품은 정작 우리네 패션 수준에도 훨씬 못 미치는 것이었고 간혹 마음에 들어 가격표를 확인할라치면 어이가 없어 배시시 웃음만 나왔다. 혹여 루이비통 같은 명품이라면 그들의 자국 브랜드이기도 하니 우리나라보다도 더 저렴한 수준일 수 있겠다 싶었는데 그 역시 우리와 비슷하거나 오히려 그 이상이었다.

파리에서의 쇼핑 장소를 사전에 조사했던 것도 아니고 남들처럼 세일 기간 중에 들렀던 바는 더더욱 아니었으니 자연스레 윈도우 쇼핑에 머물 수밖에 없었던 것이다. 잔뜩 실망감만 맛보고는 호텔로 건너와 버렸다.

기분도 꿀꿀하고 그 간의 느끼한 버터와 치즈에 질리기도 해서 머뭇거림

없이 한식당을 찾기로 했다.

유진이가 아직도 편치 않은 모습이다. 평소 같았으면 녀석이 좋아하는 야채 불고기에 된장찌개를 지금 맛나게 들고 있을 텐데, 한 두 숟갈을 뜨는 둥 마는 둥하고는 이내 숟가락을 놓아버린다.

도저히 엊그제 일요일처럼 일정을 강행할 엄두가 나질 않아 집사람과 상의 끝에 오후 스케줄은 대폭 생략을 한 채 한 군데만 들러서 넉넉하게 시간을 보내기로 했다.

줄곧 우리를 앞서가는 관우의 발걸음이 유난히도 가벼워 보인다. 이 녀석 또한 피로가 쌓여있는 상태겠지만 지금 향하고 있는 곳이 남자 아이들이라면 거개가 다 좋아한다는 군사 박물관인 때문일 게다.

에펠타워 근처에 위치한 앵발리드(Hotel des Invalides)는 당초 루이 14세가 상이군인들을 치료하기 위해 지었던 병원용 건물이었다. 그러던 것이 후에 나폴레옹의 유해를 안치하게 되었고 현재는 그 수가 수천을 훨씬 상회하는 각양각색의 전쟁 무기와 대포들이 자리하는 군사 박물관으로 탈바꿈한 것이다.

서양사학자 최갑수 교수는 앵발리드에 전시되어 있는 각종의 무기들이야말로 절대주의 시대 이후의 것들로, 서구의 아시아 제국에 대한 근대적 우위를 잘 대변한다며 박물관의 의의에 대해 설명한다.

중세기까지만 해도 유라시아 대륙의 군사적 주도권은 중국을 비롯한 아시아의 역대 제국에 있었음은 명확관화(明確觀火)한 사실이었으나, 1600년을 기점으로 그 주도권

1

3

4

*사진은 시계방향으로

1 _ 화합의 장소라 일컬어지는 콩코드 광장. 프랑스혁명으로 수많은 사람들이 처형당한 장소로 이제는 화합을 상징한다.

3 _ 앵발리드 군사박물관은 당초 루이 14세가 상이군인들을 치료하기 위해 지었던 병원용 건물이었다.

4 _ 앵발리드 군사박물관에는 나폴레옹의 유해가 안치돼 있기도 하다.

2 _ 라데팡스는 통상 우리가 알고 있는 고풍스런 건축물로 가득한 파리의 구시가지와는 전혀 다른 신도시이다.

2

이 서서히 서구 사회로 옮겨가고 있었다. 다시 말해서 줄곧 아시아에 대해 열등 관계에 있던 기사 중심의 유럽사회에 새로운 요소가 출현하고 있었던 것이다.

이는 바로 상인과 도시국가로, 이들은 일종의 만성적인 전국(戰國) 상태로 흐르던 당시의 험악한 경쟁 속에서 각자가 독자적인 방어 기재를 갖추어야 했고 그것도 소수의 인적 자원밖에 가지고 있지 않은 현실을 고려해야 했던 것이다. 그 결과 나타난 정치적인 현상이 용병의 출현이다.

즉 14세기 중반에 들어서 극심한 빈부 격차로 말미암아 시민군을 더 이상 신뢰할 수 없게 된 이탈리아의 과두제적 지배층은 이탈리아의 부에 군침을 흘리며 알프스 산맥을 넘어온 군사적 무뢰배들을 길들이고 마침내 직업용병에 의한 상비 군제를 15세기 중반에 정착시키는데, 이 과정에서 이탈리아의 도시국가들 사이에 시장원리 즉 서로가 먹히지 않으려는 경쟁심리가 유럽 전역으로까지 전파되고 있었던 것이다.

〈유라시아 천년을 가다〉 중에서

아들 녀석도 녀석이었지만 내 입장에서 보더라도 평소 유럽의 아시아 대륙에 대한 경제적인 그리고 군사적인 우위에 대한 호기심 때문에 넘쳐나는 파리의 또 다른 명소들을 굳이 제쳐두고 앵발리드 박물관을 낙점하게 된 이유였던 셈이다.

그런데 박물관에 도착할 즈음에서, 애들 엄마가 영 보조를 맞추지 못하고 한참을 뒤처져 걷는다. 오랜만에 들었던 한식이 부담이 됐던지 체증이 더 심해져 있었던 것이다. 유진이의 컨디션 저조로 오전을 고스란히 날리고 이젠 애들 엄마마저 아프다고 하니 그 심란함이란 말로는 다 표현할 수 없는 지경이다. 게다가 추적추적 비까지 내리기 시작한다.

아마도 오늘을 파리에 도착한 이후로 우리 네 식구의 바이오리듬이 최악이었던 날로 기억해야 할 것 같다.

2008년 2월 27일 수요일

드디어 탈(脫) 파리다. 우리 가족이 프랑스의 지방 구석구석을 돌아보기로 하고 자동차를 렌트하여 출발하는 그 첫째 날을 맞은 것이다.

나는 지금 숨을 들이켰다, 내뱉기를 반복하면서 스멀스멀 기어오르는 불안감을 떨치는 중이다.

'듣던 대로 내비게이션이 정말 믿을 만해서 큰 시행착오 없이 지방 여행을 마칠 수 있을지, 혹 시간 배분에 서툴러 뒤쪽에 계획했던 구경은 흐지부지된 채 파리로 돌아오는 것은 아닐지.'

어제 저녁은 이러저러한 잡념으로 곧바로 잠자리에 들지 못하고 있었다. 그래서 한참을 뒤척이다가, 슬며시 일어나서는 4박5일 간의 일정과 동선을 재확인해 보기도 했던 것이다.

프랑스 사람치고 퍽이나 영어가 유창하다 싶더니만, 영국에서 태어나 그곳에서 어린 시절을 보낸 영국인이란다. 엊그제에도 혼자 들어간 식료품 가게에서 도통 영어가 통하질 않아 애를 먹었던 탓에, 렌터카 영업소로 향하던 중 소통이 안 되면 어쩌나 은근히 걱정을 하고 있었는데 말이다.

하기야 파리에 도착한 이후로 유진이나 관우가 곧잘 불어 통역에 나서고 있었던 터라 정 영어가 안 통하면 애들을 청하겠다는 생각은 있었지만 주고받을 대화 내용이 자동차 임대 조건과 같은, 아이들에게는 다소 부담이 되는 성질의 것이라 한편 우려가 되기도 했던 것이다.

내비게이션 조작에 익숙해지기까지 삼사십 분 가량을 더 소비하고 마침내 액셀러레이터로 발을 옮긴다. 마치 운전하는 양이 면허증을 따고 처음으로 연습에 나서는 초보자마냥 조심스레 차선도 바꿔보고, 속도에도 가급적 제한을 둔다. 지금 같아서는 시내를 벗어나 고속도로에 본격적으로 진입하고부터나 속도를 내 볼 요량이다.

한 시간 가량을 무섭게 내달리고 있자니 이제는 파리 근교에서도 완연히 벗어나 있는 듯 많아봐야 두어 채 정도가 서로 옆구리를 맞대고 있는 농촌 마을이 띄엄띄엄 모습을 드러내고 있을 뿐이다.

그러고 보니 고속도로를 따라 끝없이 펼쳐져 있는 한가롭기 그지없는 전원 풍경은 우리네 시골의 모습과도 별반 차이가 없다.

아늑함.

이방인의 신분으로 북적거리는 파리 도심에서 지칠 만큼 지쳐 있었던 것인지 아니면 이젠 됐다 싶은 안도감에 한숨을 돌려서인지 지금 나를 가득 채우고 있는 이 아늑함은 여느 때보다도 빠르게 머릿속을 빠져나와 손가락 끝 마디마디까지 재빠르게 퍼져간다.

오후 세시를 지나쳐, 내심 오늘의 종착지라 여기고 있던 에트르타(Etretat)에 당도했다.

오전 중으로 자그마한 시골마을 레장들리(Les andley)를 거쳐 고색창연한 소도시 루앙(Ruen)을 둘러보고 있었는데, 특히 레장들리에서는 13세기 무렵 몽골의 황제 칭기즈칸의 용맹스러운 기병들이 당시 중앙아시아 최고의 도시라던 사마르칸트를 일주일 만에 완전히 파괴해버리고 앙상한 뼈대만을 남겨놓았던 것처럼 중세기 어느 적엔가 끊임없이 밀려드는 적군에 맞서다 끝내는 폐허가 되어버린 성벽을 복원하지 않은 채 그 모습 그대로 보존해 오고 있었기에 영화라도 찍는 양 나의 상상력은 성벽 구석구석을 훑고 있었다.

에트르타는 바다로부터 옴팍 들어간 조그마한 해변을 중심으로 하여 형성된 항구 마을로, 그 양옆으로는 도저히 세월을 가늠조차 할 수 없을 기암괴석이 족히 수 킬로미터는 됨 직하게 양팔을 벌리듯 좌우로 펼쳐져 있다.

자연의 위대함과 아름다움에 절로 숙연해진다. 그런데 더욱 놀라운 것은, 이 곳 프랑스 사람들의 의식 수준이다. 전후좌우 어디를 둘러봐도 자연의 경관을 거스르는 인공미는 찾으려야 찾을 수가 없는 것이다.

비록 해변의 기암괴석과는 켜켜이 쌓인 그 시간의 무게를 비교할 수 없다지만 마치 마을 전체가 한 뜻이 되어 자연 경관과의 조화를 염두에 두고 마을의 톤이나 색깔까지도 정하고 있었다는 듯 어느 음식점이나 상점도 저 혼자 튀어보겠다고 도드라져 있지 않았다. 그들은 그렇게 족히 수백 년을 이어왔을 것이다.

우리나라도, 프랑스든 어디든 세계 어느 곳에 비한다 해도 결코 부끄럽지 않을 아름다운 자연을 간직하고 있다. 그러나 우리의 경우 경치가 수려한 에트르타는 바다로부터 옴팍 들어간 조그마한 해변을 끼고 있는 항구 마을로, 양옆으로는 도저히 그 세월을 가늠할 수 없을 기암괴석이 족히 수 킬로미터는 됨 직하게 양팔을 벌리듯 좌우로 펼쳐져 있다.

도빌은 파리의 부자들이 피서를 위해 즐겨 찾는다는 하계 휴양지로 유명하다.

명소나 유적지라 하면 어김없이 무슨 가든 입네 하며 길가로 다닥다닥 들어차 있는 음식점이나 모텔이 쉬이 연상된다. 이보다 더 가관인 것은 아예 산 중턱을 발가벗기고 떡하니 들어서서 그것도 부족하여 총 천연색으로 덧칠을 한 상업용 건물들의 부조화이다.

이러한 무질서와 부조화가 결국 마을 전체의 이미지를 떨어뜨리고 공공의 경쟁력까지 훼손하고 있는 것이다. 모두가 '나만 살면 됐지' 라는 지극히 단편적인 사고에서 벗어나질 못할 뿐, 전체의 조화는 아랑곳하지 않아서다.

흔히 서양 중세의 도시라 하면 '도시의 공기는 자유를 만든다는' 격언이 자연스레 떠오른다. 부자유스러운 예속 신분이 일반적이었던 중세 사회에서 도시만이 자치권을 누려 도시민은 농민들과는 달리 상대적으로 자유로운 신분이었던 것이다.

사가들에 따르면 중세 도시의 시민들은 서약단체로서 자치 공동체를 형성하여 독자적인 사법권과 행정기관 심지어는 시민군을 보유하고 있었다고 한다. 그런 까닭에, 특히 서양의 학자들은 공동체적인 자치제로서의 이러한 특징이 중세 유럽에서 독특할 뿐만 아니라 근대 유럽문명의 한 원류를 이룬다고 강조한다. 말하자면 무질서한 듯 자유로우나 공공선에 대해서만큼은 우선순위를 확실히 두는 도시민의 이러한 정신이 다른 문명과 명확히 구분되는 특징을 부여했다는 것이다.

내가 지금 사대주의의 망령에 젖어 황망한 해석을 하고 있는 것이 아니라면, 이러한 그들의 전통과 의식이 녹아들어 현재의 차이를 규정짓고 있는 것은 아닌지 자꾸 자문을 하게 된다.

유진이와 집사람 그리고 내가 기암괴석으로 산책을 나가있는 동안 관우는 해변에서 모래성을 쌓다, 밀려드는 파도와 달음질을 쳤다, 무엇이 그리도 즐거운지 저 혼자만으로도 시간 가는 줄 모른다.

어느덧 대양의 양 끝자락을 벌겋게 물들인 노을이 어서 서두르라며 우리의 등을 떠밀고 있다. 그나마 이 곳 에트르타에서는 이미 점찍어 두었던 호텔이 있어 다행으로 집사람의 지인 중 한 분이 몇 년 전 묵었던, 떠나오기 전으로 어찌나 침이 마르게 자랑을 하시던지 우리는 우선 그 분이 추천해 마지않던 'Dormy House' 라 불리는 호텔을 찾기로 했다.

그리 멀지 않은 거리에 기암괴석과 해변이 한눈에 내려다보이는 언덕 위, 말마따나 아담하니 예쁜 호텔이 우리를 반갑게 맞아 준다.

비수기이다 보니 가격 협상에도 전혀 어려움은 없었다. 평상시에는 방 하나의 숙박비가 삼십만 원을 호가한다는 사전의 귀띔이 있었지만 오늘은 거의 반값에도 못 미치게, 그리고 더 유쾌하게는 풀코스로 저녁까지 제공

한다는 것이다.

가장 꼭대기 층인 삼층으로 안내를 받고서, 들어서자마자 우선 방안을 어둠으로 그득 덮고 있던 커튼을 시원스레 걷어냈다. 어둑어둑해지기는 했어도 창문 너머로 넘실거리는 바다의 시원스런 풍광과 그에 오묘한 조화를 이루고 있는 방안 풍경이 더불어 우리를 점점 들뜨게 한다.

비록 청바지와 셔츠 차림이 전부였지만 다시금 옷매무새를 가다듬으면서 촛불이 일렁대는 레스토랑 입구로 들어섰다. 아직은 다소 이른 시각이어선지 곳곳으로 빈자리가 많아 보인다.

웨이터가 건네 준 메뉴 리스트를 보고 있자니 도통 무슨 소린지 알 길이 없다. 프랑스어를 한다는 집사람이나 아이들도 이번에는 음식 이름이 생소하기는 나나 다를 바 없는 모양이다. 한 동안 어리둥절해 있는 동양인 가족의 모습이 안쓰러웠는지 웨이트레스가 다가와서는 하나씩 친절히 소개를 한다.

기다리는 시간이 그리 길지도, 지루하지도 않았는데 어느새 전체식이 테이블에 오르고 있었다. 예술의 경지로까지 일컬어지는 프랑스 요리라고 했던가. 접시의 색깔이나 모양에도 신경을 쓴 듯 일단은 음식과의 앙상블이 보기에도 좋다. 과연 맛은 어떨지, 기대 반 우려 반의 심정이다.

서서히 입안으로 퍼져가는 말로는 다 표현이 안 되는 그 오묘한 맛에 우리 모두는 탄성을 내지르고 말았다. 그러나 이마저도 시작에 불과했을 뿐, 이어지는 코스의 요리 요리마다 과연 친구 분의 강추가 과장은 아니다 싶었다. 평소 소화 능력이 떨어져 음식량에 민감한 나조차도 폭식을 하고 있

좁다랗고 구부러진 도로를 따라 빽빽하게
들어서 있는 해산물 전문 레스토랑에서.

었으니 말이다.

식사가 끝나갈 무렵 다시 프랑스에 오면 꼭 이 곳도 들러 가자며 아이들도 무척 흡족한 표정이다. 여기는 고사하고 언제나 다시 아이들과 프랑스 땅을 밟을 수 있을는지.

"그러면 먼저 약속할 게 있어. 다음번에는 너희들이 돈 많이 벌어서 엄마, 아빠를 책임지는 거야?"

아득히 멀게만 느껴지는 프랑스의 시골 마을에서, 참으로 프랑스 요리의 정석을 경험할 수 있었던 추억이 될 만한 저녁이자 호사스러운 저녁을 우리는 그렇게 아쉬운 듯 보내고 있었다.

2008년 2월 28일 목요일

새벽녘부터였을까. 부슬부슬 비가 내리고 있다. 하지만 오늘 에트르타에서 차창 너머의 전원 풍경이 그리도 싱그레 보이는 것은 엊저녁의 여운이 채 가시질 않았기 때문이리라.

지금 우리는 오늘의 첫 방문지로 도빌(Deauville)이라는 지명을 가진 파리지엔들 특히나 부유한 계층이 피서를 위해 즐겨 찾는다는 하계 휴양지에 불과 몇 분 남짓을 남겨두고 있는 상태다.

4차선의 고속도로를 벗어나자 급격히 폭이 줄어든 2차선 지방도로가 한참이나 더 이어진다. 조급해지는 마음을 애써 가다듬고 내리막길을 조심스레 따라가다 보니 도빌 임을 알리는 표지판 너머로 널따란 승마장이 한눈에 잡힌다. 과연 부자들이 지내는 휴양지라 뭐가 달라도 다른 모양이다.

그러나 주차를 해두고 시내로 들어서는 길에는 사람들이 그리 눈에 띄질 않는다. 예상과는 다르게 시선을 잡아끄는 구경거리도 찾을 수가 없었다.

가지런히 요트가 정박돼 있는 선착장, 좁다랗고 구부러진 도로를 따라 빽빽하게 들어서 있는 해산물 전문 레스토랑, 그리고 점점이 그 사이사이를 비집고 들어앉아 있는, 그러나 별다른 특색을 찾을 수 없는 부티끄들.

반나절을 둘러본 도빌의 풍경은 유럽의 여느 항구 마을과 그다지 다를 게 없었다. 그렇다고 마을을 병풍처럼 둘러싼 산세가 상대적으로 수려한 것도 아니었다.

도대체 무엇이, 어디에 숨겨져 있기에 파리의 부자들을 끌어들이는 것일까. 그도 아니라면 부자들이 일부러 관광객을 피하자는 의도에서 그들만이 아늑하게 시간을 보낼 수 있는, 이처럼 평범한 곳을 은밀히 찾았던 때문이었을까.

불과 반나절 만에 고개를 가로저으며 나서는 내 자신이 쑥스럽기도 쑥스러웠지만 일부러 우회까지 해 가면서 찾아든 도빌이었기에 실망감도 그에 못지않았던 것이다. 게다가 오전 중으로 내내 오락가락해대는 비에 마음마저도 무겁게 가라앉고 만다.

레스토랑에서 허겁지겁 시간을 보내고 야반도주라도 하는 양 지금은 몽생미셸(Mont. St. Michelle)을 향해 돌진 중이다. 그런데 이리저리로 내비게이션을 조작하고 있던 집사람이 뭔가 심상치 않다는 표정이다. 프랑스에서도 대표적인 여행지라는 몽생미셸이 어찌하여 내비게이션에 표기되어 있지 않다는 말인지, 순간 내 귀를 의심하지 않을 수 없었다.

화(禍)는 홀로 다니지 않는다는 속담이 있던가. '이제는 벗어났거니' 했는데 상상치도 않았던 상황에 부아가 치밀어 오른다.

자동차를 도로 한 끝에 세우고 아이들이 주리를 틀며 징징댈 무렵까지 오만 가지 인상을 써가며 화면에 주소가 뜨기를 기다리고 있었으나 끝내는 문자 조합에 실패하고 말았다.

아이들에게 빽 소리를 지르고 한참을 더 씩씩거리고 있자니 피식 웃음이 터진다.

'왜 화가 나 있을까. 내비게이션 때문에?'

숨을 한껏 들이켠다. 그리고는 몽생미셸의 위 쪽 연장선상에 자리하고 있

도로에서 몇 차례의 실수를 거듭한 끝에 예정보다 두 시간을 훌쩍 넘긴 폐장 시간에 임박해서야 우리는 몽생미셀에 도착해 있었다.

는 생말로(Saint Malo)를 목적지로 설정하고 다시금 길을 재촉했다. 고속도로 이정표와 내비게이션 사이에서 갈팡질팡하다가 몇 차례의 실수를 거듭한 끝에 예정보다 두 시간을 훌쩍 넘긴 폐장 시간에 임박해서야 우리는 몽생미셀에 도착해 있었다.

네 식구 중에서도 가장 기대가 컸을 집사람의 실망이 이만저만이 아니었다. 넉넉하게 눈요기를 하고팠던 집사람이, 한 시간여에도 미치지 못하는 짧은 시간에 구경을 마쳐야 한다는 사실로 여간 속상했을 수밖에.

그러나 그 때는 집사람에게 입도 뻥긋 안 했지만 사실 몽생미셀이 내 취향은 아니었다. 뛰어난 건축미로 이 시절까지 인구에 회자되고 있으나 내겐 몽생미셀이 바다 한 가운데 우뚝 솟구쳐 있는 애처로운 섬 같았다. 마치 똑똑하고 명석한 인재가 자기 자신을 낮출 줄 몰라 주위에 어우러지지 못하면서 사람들을 떠나게 하는 것처럼 말이다.

몽생미셀은 종교적인 힘이 매우 강성했던 중세 시절의 수도원으로, 더욱이 당시 다른 수도원들에 비해서도 폐쇄적이며 고압적이었다고 하니 내내 홀로일 수밖에 없었을 노릇이다.

'무릇 현명한 인재가 의도적일지언정 범인(凡人)들 속에 적절히 어우러짐으로써 스스로를 더욱 돋보이게 만들 듯, 몽생미셀도 사람들과 더불어 있었다면 그 아름다움은 더욱 빛났으리라.'

아무튼 그 모양새에는 인정하지 않을 도리가 없다. 수도원 내부로 좁다랗게 끝없이 이어지는 미로 같은 통로며 오밀조밀한 실내 구조 그리고 이에 걸맞은 앙증맞기 만한 데코레이션이 남성보다는 미의식에 민감한 여성들에게 꾸준히 인기가 있었던 비결인 듯싶다.

수도원 내부로 좁다랗게 끝없이 이어지는 미로 같은 통로며 오밀조밀한 실내 구조 그리고 이에 걸맞은 앙증맞기 만한 데코레이션이 남성보다는 미의식에 민감한 여성들에게 꾸준히 인기가 있었던 비결인 듯.

정확히 폐장시간인 오후 일곱 시에 맞춰 수도원을 나선 우리는 또 다시 길을 나서기에 적잖이 늦은 감이 있었지만 일정대로 오늘의 여정이 끝나는 생말로에서 하루를 마감하기로 한다.

생말로의 해변. 바닷가에 착 들러붙어 있는 호텔 창 밖 너머로 하얀 백사장이 드넓게 펼쳐져 있다.

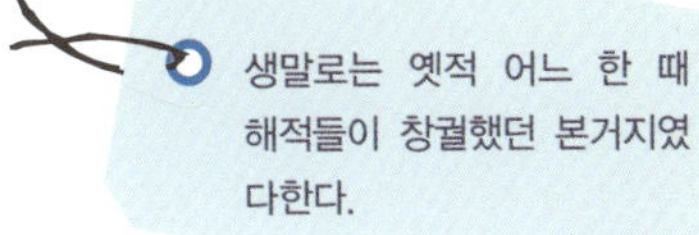

생말로는 옛적 어느 한 때 해적들이 창궐했던 본거지였다한다.

2008년 2월 29일 금요일

한밤중에 생말로에 도착하여 늦은 저녁을 드는 둥 마는 둥 주위를 둘러볼 겨를도 없이 호텔을 찾아들었던 탓에 생말로가 이처럼 아름다운 해변으로 나를 맞아줄 거라 엊저녁으로는 알 길이 없었다.

바닷가에 착 들러붙어 있는 호텔 그 창밖 너머로 하얀 백사장이 드넓게 펼쳐져 있었고 저 멀리 왼쪽 끝에는 구 시가지를 에워싼, 이끼가 다닥다닥 들어앉은 거대한 성벽이 자리하고 있었다.

구 시가지를 아직도 관공서로 활용하고 있는 모습이 정말 이채롭기 그지없다. 겉에서 바라본 구 시가지는 그저 관광명소화 되어 있겠지 했을 뿐, 설마 지금까지도 훌륭하게 그 사회적 기능이 이어져오고 있을 줄은 상상조차 할 수 없었다.

발상의 전환.

생말로라는 도시는 옛적 어느 한 때 해적들이 창궐했던 본거지였다고 전해진다. 그렇다면 아마도 대부분의 사람들은 해적이나 해적의 생활을 테마로 하여 구 시가지를 활용하는 방안을 아이디어로 생각해냈을 공산이 크다. 그러나 생말로의 사람들은 이름만 남아 있을 뿐, 이미 그 흔적을 찾을 길이 없는 해적에 관한 것들에 집착하진 않았던 것이다. 다시 말해서 구 시가지의 예스러움을 오롯이, 그리고 가장 멋들어지게 보존하고 활용하는 방법으로 구 시가지의 기능을 현대적으로 재해석했다는 의미이다.

몇 백 년이 흘러 이미 퇴색될 대로 퇴색한 돌 벽과 건물들의 고색창연한 빛깔에 몇 해가 지나도 가시지 않을 페인트의 역한 냄새와 번지르르함을 덧입혀서 테마파크를 만들고 해적 패를 주인공으로 내세우겠다고 했다면 그 부조화란 우스꽝스러움으로밖에 남지 않았을 것이다.

그런데 생말로의 사람들은 영리하게도 한물 간 퇴물 배우를 앞세우기보다는 보는 이에 따라 다른 스토리가 만들어지는, 말하자면 상상의 힘을 그 테마로 삼기로 한다. 구 시가지에 시청이나 기타 관공서들을 입주케 함으로써 자연스레 주변 상권마저 활성화시키고 그들의 지극히 평범한 일상생활을 관광객들에게 노출시킴으로써 이른바 현대를 입혔으나 그들로부터 – 비록 해적이 다스리는 도시였을망정 – 과거에 이루어졌었을 경제 활동을 연상케 만드는 것이다. 명칭이나 종사하는 직업만 달라졌을 뿐 영주가 시장으로, 푸줏간 주인이 델리카트슨의 주인으로 혹은 대장간 주인이 공구 점의 주인으로 시공을 초월하여 활동 중이다.

나는 구 시가지에 있는 동안 꼬리에 꼬리를 무는 상상에 시간이 가는 줄도, 이런 저런 구경에 다리가 아파오는 줄도 몰랐다. 실로 프랑스인들에게는 생말로가 아름다운 해변의 도시이자 산업 항으로 기능하고 있는 그들의 수많은 항구 도시 중 하나에 불과할지 모르나 서구 사회에 대한 탐구심으로 여행에 나선, 특히 인문학적 상상을 즐기는 여행객들에게는 지극한 호기심의 대상으로 오래도록 기억에 남을 만한 장소였던 것이다.

오르세 미술관을 끝으로 우리의 프랑스 체험기는 막을 내리고 있었다.

작지만 의미 있는 변화 한 가지

전국을 휩쓸고 간 사극의 열풍으로 지자체들이 너나 할 것 없이 온통 드라마 세트장에 투자하여 테마파크를 조성하던 것이 들불처럼 유행하던 때가 있었다. 그런데 얼마 전 전라남도에서 조상들의 삶의 터전에 그들의 지혜를 빌어 관광자원화 하려는, 이른바 농촌 친화적인 긍정적인 시도가 있어 잠시 소개해 보고자 한다.

전남 함평군 해보면 오두마을은 불과 얼마 전까지도 25가구가 살던 작은 농촌마을. 이 마을에 지금 전통 한옥 6채가 지어지고 있다. 기와까지 얹은 집에서부터 기둥과 대들보로 골격만 갖춘 집까지, 집집마다 도편수와 대목장 · 목수 · 와공 등이 분주히 움직이고 있는 것이다.

이들 집 주변에는 이미 4채의 한옥이 완성돼 단아한 자태를 뽐내고 있다. 마을 입구 쪽 빈터에도 곧 5채의 한옥이 더 들어설 예정이다. 새로 들어서는 한옥 15채 가운데 10채는 외지인이 짓는 것이어서, 마을 주민은 조만간 35가구로 늘어날 전망이다.

농촌 인구가 늘어나는 '기현상'은 무안군 몽탄면 약실마을에서도 나타났다. 이곳에는 최근 2년 새 18채의 한옥이 들어섰는데 이 중 8채는 외지인이 지어 입주, 전입인구가 30명을 넘는다는 것이다.

한옥 신축은 2007년 85동, 2008년 341동에 이어 올해는 700동이 넘을 것으로 전남도는 예상한다. 가히 '한옥 붐'이라고 할 만한 이런 바람은 전남도가 일으켰다.

전남도는 2005년부터 '행복마을 조성사업'을 벌여왔다. 낙후된 농어촌을 살고 싶은 곳으로 만들어 주민과 후손들이 정착하고 도시민들이 돌아오는 마을로 만들자는 것이다. 이 '행복마을'을 여는 열쇠가 바로 '한옥 대중화'다.

'행복마을'로 지정돼 한옥이 들어선 동네에서는 벌써 다양한 효과가 나타나고 있다. 우선 주민들 만족도가 높아졌다는 점이다. 함평 오두마을 이재용(73)씨는 "한옥을 지은 뒤로 주말이면 외지로 나간 자녀들이 부쩍 자주 찾아와 살맛이 난다"는 것이다.

한옥민박 체험을 위한 방문객과 전입 문의도 크게 늘어나는 추세다. 목포에 살다 1년 전 무안 약실마을로 이주한 조영복(48)씨는 "석 달 만에 둘째 아이 아토피가 없어졌다"며 "살아

보니 의외로 한옥이 편리하고, 정서적으로도 훨씬 건강해진 느낌"이라며 힘주어 말한다.

한편, 마을 가꾸기 사업을 벌이면서 주민들 공동체 의식도 크게 높아졌다는 것이다. 무안 약실 행복마을추진위원회 박태석(43) 총무는 "온 주민이 참여해 약초체험장과 주말농장·산책로 등 충실한 손님맞이 시설을 갖춘 뒤 올 하반기부터 민박 손님을 맞을 계획"이라고 했다.

〈 조선일보 2009년도 3월 12일자 기사 중에서 〉

반나절 이상을 구 시가지에서 보낸 우리는 오후가 제법 깊어져서야 마지막 이틀을 보내게 될 고성(古城)지대의 출발점, 투르(Tours)로 향하기 시작했다.

투르에 도착하자마자 우선 관광안내소부터 찾아 들었다. 아무래도 방문을 예정하고 있는 고성들에 대한 정보를 미리 수집하고 티켓 예약이라도 해놔야 성 출입 시에 길게 줄을 서는 번거로움을 피할 수 있을 것 같아서였다.

그간 여행에 관하여는 어느 누구보다도 풍부한 경험을 갖추고 있노라 자부해 왔건만 그도 아녔던 모양이다. 티켓 예매도 하고 볼 일도 모두 마치고서 돌아서는 길에 그저 지나가는 말로 주변에 괜찮은 호텔이 없느냐며 물었더니, 담당직원 왈 이 곳 안내소에서 예약을 할 경우 호텔 요금이 반값으로 할인받을 수 있다는 귀가 번쩍 뜨이는 이야기를 하는 것이었다.

"대개 유럽의 관광지라면 여행객들의 편의를 위해 우리와 비슷한 프로그램을 제공하고 있을 걸요."

지금까지도 이러한 사실을 전혀 모르고 있었다니 저렴하게 호텔방을 얻어 좋아 라는 했지만 어째 한방 얻어맞은 기분이었다.

1
4

3

5

2

*사진은 시계방향으로

1_ 투르는 고성(古城)관광의 출발점이다.

4_ 벌써 프랑스의 미적 감각에 익숙해져 설까. 나의 감동 지수는 이미 평상으로 돌아왔는데 집사람은 아직도 마주하는 성마다 탄성을 내지른다.

3_ 방문지였던 네다섯 군데의 성마다 나름의 독특한 건축 양식과 아름다움이 제각각이었다.

5_ 프랑스 왕의 별장 중 하나였던 이 성은 레오나르도 다빈치가 고향인 이탈리아로부터 쫓겨난 후 말년을 보냈던 장소로 알려져 있다.

2_ 아내의 경우 머릿속의 삼분의 이쯤이 성 안의 아기자기한 장식, 예쁜 그림, 또는 장신구를 구경하는 것과 같은 세밀하고도 미시적인 관찰의 즐거움으로 채워져 있다.

그로부터 귀국길에 오르기까지

3월 1일 토요일과 일요일 반나절 동안 루아르(Loire) 지방에 산재해 있는 고성들을 돌아보고 있었다.

그런데 흥미로운 사실은, 방문지였던 네다섯 군데의 성마다 나름의 독특한 건축 양식과 아름다움이 제각각이었다지만 며칠 전과는 감흥의 정도가 확연히 달라져 있었다. 아마도 눈높이가 이미 높아질 대로 높아져 웬만하지 않고서는 나를 감동시킬 수 없었거나 아니면 벌써 프랑스의 미적 감각에 익숙해져서일 것이다. 이에 반해서, 집사람은 아직도 깨어날 기세가 아니다.

"이제는 프랑스가 조금 지겨워지지 않았어?"

막 발걸음을 떼면서 당신도 나와 다를 바 없겠거니, 시큰둥한 표정으로 물었다.

"아닌데?"

"나는 봐도 또 봐도 너무 새롭고 아름답고, 몇 날 며칠이라도 더 머물 수 있을 것 같은데?"

아내의 경우, 말하자면 머릿속의 삼분의 이쯤이 성 안의 아기자기한 장식, 예쁜 그림 또는 장신구를 구경하는 것과 같은 세밀하고도 미시적인 관찰의 즐거움으로 채워져 있는 반면 삼분의 일만이 유물이나 유적을 중심으로 앞뒤로 역사적인 유추를 하고 인문학적 상상력을 동원하는, 이를테면 거시적인 관찰이 자리하고 있는 듯하다. 그에 비한다면 나는 그 비율이 아내와 정확히 반대인 셈이고 말이다.

드디어 루아르 고성지대를 끝으로 파리로 올라와 귀국 준비에 들어갔다. 아이들을 위하여 프랑스어 전자사전에, 각종 서적, DVD를 구입하는데 월요일 온종일을 소비하고 있었다. 한국에서야 프랑스어가 점점 더 그 쓰임새를 잃어가고 있어 도서 구매나 교육관련 자료를 입수하는데 여간 어려움을 겪는 게 아니었으니 프랑스 현지에서의 하루 나절이 그리 소중할 수 없었던 것이다.

그렇게 그 다음날로 귀국길 보따리를 싸들고 늦은 오후까지 오르세 미술관을 구경하고 나서야 찰스 드골 공항에 도착해 있었다.

얼추 십여 일을 넘어서는 장시간의 여행 끝에 3월 4일 화요일 오늘, 마침내 우리만의 스위트 홈으로 향하려 하는 것이다. 이렇듯 장기간의 여행이었기에, 그리고 자동차를 렌트하여 프랑스 지방까지도 아울러 보겠다던 쉽지만은 않은 여행이었기에 이번 여행이 무탈하게 끝날 수 있어 무엇보다도 감사하는 마음이다. 한편으론, 여행이 마무리되어 가는 시점에서 그 소회가 궁금하지 않을 수 없었다.

'그들은 이번 여행을 통하여 무엇을 얻었던 것일까? 과연 애들 엄마의 말마따나 아이들이 학교로 돌아가서는 프랑스 학교를 다니는 학생 신분으로 더욱 프랑스를 친숙하게 느끼며 학업에 도움을 받을 수 있을 것인가? 그리고 집사람은 무엇을 가지고 귀국하는 것일까?'

그러나 이번만큼은 어느 누구에게도 묻지 않기로 했다. 무엇이 되었든 간에 이미 한가슴 가득 묻어 두었으리라 믿기 때문이다. 끝 무렵, 피곤에 잔뜩 절어 있어야 할 그들의 얼굴에서 아직도 생기를 느꼈다면 그리 믿는다 해도 지나치진 않을 것이다.

마침내 집으로 돌아간다는 설렘 때문인지 아니면 매번 여행 끝으로 찾아 드는 아쉬움의 한 자락이 남아 있어선지 사뭇 잠을 청하기가 쉽지 않다. 한참을 지척거리다 몇 년 전 단숨에 읽어 내렸던 책의 한 구절을 떠올린다.

천 년 전 세계의 중심은 아시아였다. 그러나 유럽은 중세에서 근세에 이르는 동안 자신들만이 진정한 변화를 경험했기에 그들만이 '역사'를 갖는다고 여겨 유럽만이 '역사학'의 영역인데 반하여, 농업 문명의 단계에서 정체된 아시아는 '동양학', 그리고 그 외 남미 대륙이나 아프리카의 사람들은 역사 없는 이들로 '인류학'의 영역에 분류하였던 것이다.

〈유라시아 천년을 가다〉 중에서

서구인들의 오만과 자신감이 오버랩 되는 부분이다.

적어도 내게는, 10박 11일이라는 길지 않은 시간이나마 그것도 중세 유럽의 중심이라는 프랑스에서 서구 문명에 대한 그들의 자신감이 어디서 비롯되었는지 그리고 오만은 아니었는지 스스로에게 되물을 수 있는, 절호의 현장 학습기회였던 것만은 사실이다.

승봉도에서 생긴 일

유진이의 첫 번째 독백

별안간 아빠가 1박 2일로 주말여행을 가자신다. 그런데 이번에는 관우, 나 그리고 아빠 셋이서만 떠나자는 것이다. 그간 엄마가 너희들 뒷바라지에 힘이 드셨을 테니 엄마에게도 짧게나마 휴가를 주자시면서 ㅋㅋ.

사실 엄마가 안 가신다면 잠깐이기는 하지만 적어도 그 동안만큼은 잔소리를 듣지 않아도 될 것 같아 내심 찬성이다. 물론 관우도 그러리라 생각되지만 말이다.

토요일 오전. 아니나 다를까 엄마는 학원수업은 빼서는 안 되니 수업이 끝난 후에 출발을 하라는 거다. 역시나 울 엄마다.

드디어 오전 수업이 끝나고 그간 머릿속으로만 잔뜩 모습을 상상해 왔던 인천의 연안부두라는 곳에 도착했다. 서울에서 불과 한 시간에도 미치지 않는 가까운 거리에 이렇게 어마어마한 항구가 있었다니.

머잖아 우리를 태우고 갈 여객선도 저 너머로 보이고 그 여객선보다도 열 배 이상은 커 보이는 화물선들까지 나란히 사이좋게 정박해 있다. 그런데 터미널 안은 상상했던 우리를 승봉도로 데려다줄 여객선이 승객들의 승선을 기다리고 있다.

관우는 바깥이 좋단다. 멀리로 보이는 섬들이 순식간에 작아지는 것을 구경하는 것도 재밌지만 배가 지나온 자리로 만들어지는 하얀 물살을 바라보는 것이 무척 신난단다.

것보다도 여행객들이 그리 많지 않은 한산한 풍경이다. 아빠는 아직은 피서 철이 아니라서 그런 걸 거라고 설명해 주신다.

'공항에 가보면 항상 사람들로 북적이는데 그러면 저 많은 배들은 텅텅 비어서 다녀야겠네?'

배에서 일하는 아저씨들이 조금은 걱정스럽다. 여행객들이 많아서 돈을 많이 벌어야 그 아저씨들도 아이들의 손을 잡고 우리처럼 여행을 다닐 수 있을 텐데.

아빠는 배를 타기 전 점심을 해결해야 한다며 우리를 식당으로 데리고 가신다. 그런데 아직도 기분이 날아갈 것만 같아 정말이지 배고픈 줄 모르겠다.

관우의 첫 번째 독백

배는 타도 또 타도 즐겁기만 하다. 비행기는 한 시간만 지나면 답답해지고 꼼짝할 수가 없어 재미가 없는데 배에서는 이리저리 돌아다닐 수 있어 전혀 지루하거나 지겹지가 않다.

아빠가 아까 배에 오르기 전에 새우깡을 사주시면서 뱃머리에서 갈매기에게 주어보라

하셨는데 한참이 지났는데도 이 녀석들이 날아들 생각을 않는다. 그래서 내가 하나씩 야금야금 꺼내 먹다보니 금세 빈 봉지가 되고 말았다.

아빠는 '기름 냄새가 싫다' 시면서 배 안으로 들어가신다. 우리들에게도 들어오라는데 나는 이곳 바깥이 좋다. 저 멀리로 보이는 섬들이 순식간에 작아지는 것을 구경하는 것도 재밌지만 배가 지나온 자리로 만들어지는 하얀 물살을 바라보는 것이 무척 신난다. 그 하얀 물살이 점점 더 커지는 걸 보고 있노라면 우리 배가 얼마나 빨리 달리고 있는지 확인할 수 있어 더더욱 기분이 좋아진다.

그런데 조금 걱정거리가 있다. 우리가 오늘 지내게 될 승봉도라는 섬이 아주 작은 섬이라 호텔이나 콘도가 없다는 것이다. 그래서 민박집에서 자기로 했는데 아빠는 시설이 안 좋을 수도, 깨끗하지도 않을 수 있다며 잔뜩 겁부터 주신다.

그러면서 나중에 어른이 되면 군대도 가야 하는데 군대에서는 밖에서 오랫동안 야영도 해야 하고 그렇게 되면 씻지도 못할 테니 지금부터 연습이 필요하다는 거다.

'군대는 안 가면 안 되는 걸까?'

나는 군인은 전쟁터에 나가야 하고 거기서 총에 맞아 죽을 수도 있기 때문에 군대에 가는 것이 싫다. 그런 나의 마음을 아는지 모르는지 아빠는 자꾸 약을 올린다.

"우리 아들은 용감하고 씩씩해서 앞으로 훌륭한 군인이 될 수 있을 거야. 달리기도 잘하고 축구도 잘해서 군대에 가면 아마 우리 아들 인기가 짱 좋을 걸?"

"그건 그래 아빠, 우리 학교에서 내가 개인기가 제일 좋거든. 호나우두 선수처럼 헛다리도 잘 짚고."

관우는 커다랗고 얄따란, 키의 족히 두세 배쯤 돼 보이는 통나무로 모래밭에 글씨를 써보자는 것이다.

그런데 군인 아저씨들은 박지성 아저씨처럼 유명한 선수는 아니지만 정말로 축구를 많이 하기는 하나보다. 아빠가 군대에서는 내가 좋아하는 축구를 거의 날마다 실컷 할 수 있을 거라 말씀하시니 말이다. 이 세상에 전쟁터에는 안 나가고 축구만 하는 군대가 있으면 정말 좋겠다.

결코 시설이 좋거나 깨끗하지는 않았지만 시골의 정겨움이 물씬 풍기던 민박집의 전경

유진이의 두 번째 독백

서둘러 민박집에 짐을 풀고 해수욕장을 향해 달린다. 아일레라는 이름을 가진, 무슨 뜻인지 아빠에게 여쭤봐도 글쎄라며 고개만 갸우뚱거리시는 그 해수욕장은 우리 민박집에서 채 오 분 거리도 되지 않는 가까운 곳에 위치해 있다. 수영을 할 수 있을 정도로 날씨가 덥지 않아 조금은 아쉽기도 하지만 관우랑 곧장 모래사장으로 내려가 우선 모래성 쌓기 놀이를 하기로 했다.

몇 시간째 우리 가족 말고는 전혀 사람들이 눈에 띄질 않아 이 드넓은 모래밭을 독차지하고 있는 중이다. 그런데 이젠 모래성 쌓기 놀이도 시들해졌는지 한동안 모래밭

관우는 친구들에게 자랑한다며 생수통에 게랑 작은 새우를 잡아넣어 집으로 가져왔다.

을 이리 저리로 휘젓고 있던 관우가 누나하며 저쪽에서 급히 나를 부른다. 아주 좋은 놀잇감을 발견했다며 커다랗고 약따란, 내 키의 족히 두세 배쯤 돼 보이는 통나무를 양손에 꽉 움켜쥐고는 모래밭에 글씨를 써보자는 것이다.

아까부터 아빠는 줄곧 해수욕장 입구 쪽 나무 그늘에서 하염없이 앉아만 계신다. 이따금씩 우리에게 손만 흔드시면서 말이다.

'심심하지도 않으실까? 그렇게 혼자 앉아만 계실 거면 우리랑 좀 놀아주지.'

글씨 쓰기에 한눈을 파는 동안 모래성 한 쪽 귀퉁이가 무너져 내리고 있었는지 우리가 부탁도 안 했는데 아빠는 땀을 뻘뻘 흘리시며 벌써 무너진 곳을 튼튼하게 다져놓으시고는 언제부턴가 모래성을 새로 만들고 계시는 것이다. 나는 지금처럼 우리와 스스럼없이 놀아주시는 아빠가 제일 사랑스럽고 좋다.

'엄마도 같이 오셨더라면 더 좋았을 걸.'

엄마만 빼고 우리만 오게 된 것에 약간은 미안한 생각이 든다.

관우의 두 번째 독백

게가 내 손톱만한 게 정말 조그맣고 까맣게 생겼다. 게다가 처음 보는, 이상하게 생긴 것도 무척이나 많다. 아빠가 돌아오는 길에 갯벌에 들르자고 하여 여기에 왔는데 온통 신기한 것 투성이다.

'생수통에 게랑 작은 새우도 잡아넣어 집에 가져가서 친구들에게 자랑해야지.'

돌아서려는 찰나 그만 발이 미끌리면서 넘어지고 말았다. 오른손 손가락이 얼얼하니 엄청 아프다. 아빠가 조심하라고 조금 전까지도 몇 번이나 당부를 하셨는데 넘어지면서 바위 위를 온통 하얗게 뒤덮고 있던 조개껍질에 손을 베이고 말았던 것이다. 순식간으로 피가 철철 흐르는 게 아마도 깊이 베인 것 같다.

갑자기 엄마 생각이 난다. 이렇게 피가 많이 흐르면 누나처럼 바늘로 꿰매는 수술을 해야 하는 건 아닌지 더럭 겁도 나고 만약 엄마가 곁에 있었으면 어떻게든 했을 텐데 아빠는 하얗게 변한 무서운 얼굴로 여기서 보건소가 멀지 않으니 빨리 가자며 재촉만 하신다. 누나가 우니까 나도 자꾸 눈물이 나려한다.

유진이의 세 번째 독백

아빠 걸음이 너무도 빨라 도저히 따라잡을 수가 없다. 관우는 또 얼마나 아플까? 생각만 해도 끔찍하다. 삼사년 전 쯤, 집 근처에서 엄마 차가 급정거를 하는 바람에 머리를 다쳐 응급실에 간 적이 있었는데 그 때 의사 선생님이 들고 있던 바늘을 보고는 저게 내 머리를 꿰뚫고 갈 거라는 생각에 몹시도 겁이 났었던 끔찍한 기억이 아직도 생생한지라 관우도 꿰매야 한다면 어쩌나 자꾸 걱정이 앞선다.

해수욕장으로 향해 갈 때는 금방이었는데 다시 되돌아 보건소로 오는 길은 무척이나 길고 더디다. 우리 민박집 옆으로 지어진 새 건물이 보건소라는데 막상 도착해보니 의사 선생님도 간호사 언니도 찾을 수가 없다.

그때서야 아빠 목소리가 그렇게 큰 줄은 처음 알았다. 아무도 안 계시냐며 문을 두드리다가 이리 저리로 사람이 없을까 소리를 질러대시는데, 평소에는 무슨 일이 있어도 좀체 당황하는 법이 없으시더니 병원도 없는 조그마한 섬에서 게다가 보건소 문까지 닫혀 있으니 아빠의 심정을 이해할 만도 하다.

그 당시에는 나도 무척이나 흥분해 있었다. 아빠를 따라 사람을 찾는다고 거의 괴성에 가까운 목소리로 울부짖다시피 하면서 사람을 부르고 있었으니 말이다.

그럼에도 당사자인 관우는 의외로 침착한 모습이었다. 아프다고, 또 꿰매야하면 어떻게 하느냐고 울며불며 징징 짤 줄 알았더니 담담하게 아빠 뒤에 서서는 상황을 기다리는 의젓한 모습이었다.

얼마쯤이나 아빠와 내가 수선을 떨었는지 동네 사람들이 하나 둘씩 모여들었다. 그러다 마을 어귀 어느 집에서 저녁식사를 하고 계시던 보건소 소장 아주머니께서 마침내 내달려 오셨다.

"아니, 피를 이렇게 많이 흘리도록 내버려두면 어떡합니까? 붕대가 없으면 재빨리 옷으로라도 칭칭 동여매든지 응급처치를 하셨어야죠."

아빠는 그렇게 소장님에게 야단을 맞으시고도 애 상태가 어떤지, 지금이라도 서울로 올라가야 하는 것은 아닌지 속사포처럼 질문을 던지신다. 선생님은 그럴 필요까지는 없어 보이니 내일 오전 중으로 서울에 올라가서 엑스레이를 찍어보라 권유를 하셨다. 그래도 아빠는 못미더우셨던지 밖으로 나와서는 외과 선생님이라는 아빠 친구와 전화 통화를 하신다. 결국에는 애초 소장님의 말씀대로 이곳 승봉도에서 오늘 하룻밤을 보내는 대신 내일 아침에 서둘러 떠나기로 했지만 말이다.

나도 이제는 적잖이 안심이 되기도 하고 한편으로는 아쉬움 때문에 오후에 올라가면 안 되느냐고 투정 아닌 투정을 부렸다가 오히려 아빠에게 야단만 맞고 말았다. 오늘 바닷가에서의 시간이 너무도 즐거웠던지라 내일 하루를 몽땅 포기해야 한다는 생각에 마음 한 쪽으로 심통이 나기도 했던 것이다.

앞마당에 탄불을 놓아주시고 질 좋은 삼겹살도 구해 주셨던 민박집 주인, 털보 아저씨

아빠의 독백

우리끼리 오붓하게 민박집 앞마당에 탄불을 피워놓고 눈이 매큼해지면 때때로 고개를 쳐들어 칠흑 같은 밤하늘에 빼곡히 들어찬, 그야말로 자연산 별들을 음미해 가면서 삼겹살을 구워먹는 중이다.

아마도 아이들에게는 첫 경험이었을 것이다.

오늘 저녁이 그간 번듯하든 허름하든 식당에서 차려주는 나름의 풍성함만을 마주하다가 별 다른 찬 없이 삼겹살에 달랑 김치만 놓여진, 그야말로 토속적이고 원시적인 만찬이었으니.

그렇지만 예상했던 대로 아이들은 신기하고 흥미진진한 표정이다.

바싹 달아오른 탄불에 기름이 쏙 빠진 삼겹살의 고소한 맛도 맛이거니와 평상시와는 달리 자신들이 직접 탄불에 삼겹살을 구워 먹으니 스스로가 음식을 만들어 먹는 재미와 뿌듯함에 푹 빠져든 것이다.

보건소 소장님이 처방해 주신 진통제를 복용하고서부터 통증이 훨씬 줄어든 것인지 관우 녀석은 벌써 다친 손에 대해서는 까맣게 잊은 듯 누나하고 무슨 얘긴지 열심히 떠들어댄다. 이따금씩 누나에게 자신 때문에 더 이상 놀 수 없게 되어 미안하다며 제법 어른스럽게도 군다.

오늘 저녁은 오히려 내가 더 포식을 하고 있다. 여느 때와는 달리 오늘은 아이들이 아빠인 나를 챙기려 드는 것이다. 자신들이 정성스레 구운 삼겹살을 내 앞으로 먼저 가져다 놓는가 하면 검게 그을린 부위는 건강에 해로우니 드시지 말라며 잔소리를 해댄다. 아마도 아까 보건소 앞에서 의사 선생님을 찾느라 한동안 난동에 가까운 소란을 피우던 아빠가 부끄럽기는커녕 오히려 거기서 가족애를 느꼈던 것이리라.

아이가 다친 것은 실로 유감스러운 일이지만 이렇듯 조그마나마 어려움에 맞닥뜨려 보니 그간 머릿속으로만 희미하게 느껴왔던, 서로가 아끼고 보살펴야 할 울타리라는 사실을 가슴 깊이 실감하고 있는 것이다.

가슴 한 쪽이 서늘해지면서 자꾸 눈시울이 뜨거워지려 한다.

창밖으론 지금 별빛이 쏟아져 흐른다. 어둠 때문에 별은 더욱 빛나고 별 때문에 어둠은 더욱 짙어져간다. 그러나 그 어둠이 짙어질수록 마음은 점점 더 포근해져간다. 어둠이 이 밤 내내 아이들과 나 그리고 세상 모두를 포근히 보듬고 있기 때문이리라. 그날 밤은 실로 잠을 이룰 수 없는 따뜻하고도 경이로운 밤이었다.

스트랫포드로 빠져들다

빅토리아풍의 색 바랜 벽돌집을 담쟁이덩굴이 온통 휘감고 있다. 여느 전원 마을과는 사뭇 다른 풍경이다.

마치 〈이상한 나라 앨리스〉에서 주인공 앨리스가 하얀 토끼를 쫓다 구멍 속에 빠져 들어 별안간 신비의 세계를 조우케 되듯 토론토에서 두 시간 반여를 달려온 끝에 접어든 스트랫포드(Stratford)는 어느 경계선부턴가 캐나다의 목가적인 풍경 그와도 차이가 느껴지는 지극한 영국스러움이 마을 곳곳에 묻어나 있다. 과연 세기의 대문호 윌리엄 셰익스피어를 탄생시킨 영국의 스트랫포드 어폰 에이븐(Stratford upon Avon)에서 그 이름을 따온 것이 허상은 아닌 듯하다.

우선은 속도를 줄여가며 차창 너머로 이 자그마한 도시의 규모를 가늠해 보기로 했다. 거주 인구가 삼만 명이 채 되지 않는다고는 하나 어느 장소

시내 구석구석으로 허투루 보이는 곳이 한 군데도 없을 만큼 꾸미기에 무척 신경을 쓴 눈치다.

에서 보다 많은 시간을 보내야 할지 우선순위를 정하기 위함이다.

강이라고 부르기엔 다소 어색함이 들만치 작은, 강변의 수위와 산책길의 경계가 모호할 만큼 서로 비슷한 높이로 맞닿아 있는 그래서 덜 위압적이고 보다 친근하게 느껴지는 에이본 강이 우리를 처음 맞는다. 그리고 에이본 강을 사이에 두고 주택가와 별장촌이 왼편에, 그 맞은편으로 다운타운이 자리하고 있다.

여느 도시를 둘러보더라도 시청이 다운타운의 중심으로, 이 곳 스트랫포드도 예외는 아니다. 시청을 정점으로 해서 셰익스피어에 열광하는 북미대륙 연극 팬들의 진정한 로망이라는 명성에 걸맞게 거의 연중 내내 셰익스피어의 희곡이 무대 위에 오른다는 소극장들이 버티어 서 있고 그 사이사이로 꽃집이며 기념품 가게 그리고 초콜릿 가게와 같은 소규모의 상점들이 점점이 박혀 있다.

찾아드는 가게마다 허투루 보이는 곳이 한 군데도 없을 만큼 꾸미기에 무척 신경을 쓴 눈치다. 그러나 무엇보다도 문화 · 예술의 도시답게 갤러리의 수가 벌린 입을 다물지 못하게 한다.

무엇보다도 아이들의 눈길을 잡아끄는 것은 초콜릿 가게나 인형들을 전시해 놓은 기념품 가게일 것이다.

Stratford

스트렛포드를 빠져나오자마자 갑자기 날씨가 변덕을 부린다.

한 동안을 그렇게 멍하니 이곳저곳을 기웃거리며 거리를 쏘다니다 온 가족이 한 손에 초콜릿과 쿠키를 사들고는 다운타운 너머에 자리한 스트랫포드 파크로 발길을 돌리고 있었다.

스트랫포드 파크는 에이본 강가를 따라 양 옆으로 얇고 기다랗게 조성된 공원으로 토요일 오후의 여유와 자유로움을 한껏 만끽하려는 시민과 관광객들이 산책을 하거나 삼사오오 잔디밭에 모여앉아 이야기꽃을 피우기에 안성맞춤이었다.

많지도 적지도 않은 적당한 수의 방문객과 아름드리나무들.

별안간 집사람이 아치 다리 너머 숲 속으로 건너가 볼 것을 제안한다. 얼핏 시야에 피크닉을 나온 사람들의 때 이른 만찬이 어렴풋하게 들어선다. 하얀 천이 곱게 둘러쳐 있는 나무 테이블에 와인이며 제철 과일에 샌드위치까지.

어찌 이보다 더 평화롭고 여유로울 수 있을까.

내 심장은 꿍꿍 뛰기 시작했다. 진작 이만큼 좋을 줄 알았다면 하루를 묵어갈 채비를 해왔을 것이고, 그래서 1박을 한 뒤 다음날 아침에는 현지인처럼 더 한가로이 거리 구경에 연극 관람도 하면서 끝에는 간식거리를 챙겨서 피크닉도 갔었을 것이다.

토요일 오후 한가로이 산책을 즐기다 잠시 더위를 식히는 모습.

해가 뉘엿뉘엿 지고 나서야 못내 아쉬움을 접고 자리를 뜰 수 있었다. 어느새 아이들은 오리 떼에 시선을 빼앗겨서는 모이를 주는가 싶더니 지칠 새도 없이 어느 틈엔가 친구를 사귀어 물 위로 떠오른, 이미 수명을 다해버린 잉어를 건져다가 해부를 한답시며 엄마 아빠를 한참이나 더 벌(?)세우고 있었던 것이다.

출발과 동시에 어둠이 짙게 내려앉는다. 사방으로 보이는 것은 렌터카의 전조등뿐으로 마치 그 깊이를 알 수 없는 터널을 뚫고 나가는 느낌이다. 앨리스 마냥, 지금 신비의 세계에서 벗어나 현실로 귀환하는 것처럼.

시간만 허락됐다면 포도주를 시음해 볼 수도 있었을 일이다.

지중해에서 즐겨야 할 두 가지

맘마 미아(Mamma Mia)는 이탈리아어로 '에구머니', '세상에 이럴 수가' 또는 '엄마야' 라는 의미를 지닌 감탄사라고 한다. 말하자면 요즘 들어 우리 한국 사람들에게도 보편화되어 있다는 '오 마이 갓' 이나 '웁스' 정도라고 할까.

"맘마 미아"는 애초에 1970-80년대를 풍미했던 스웨덴 출신의 세계적인 팝그룹 아바(Abba)의 히트곡 22개의 노랫말을 하나의 줄거리로 각색하여 뮤지컬로 만든 작품인데 현재 상영 중인 영화 "맘마 미아"도 뮤지컬에서처럼 이들 히트곡 중 하나를 제목으로 차용한 셈이다.

그런데 이전에 구름 같은 인파가 몰렸었다는 뮤지컬의 대열에 동참한 적도, 더군다나 영화의 줄거리에도 무지했던 내가 "맘마 미아"를 보기로 작정했던 것은 다름 아닌 지중해가 이 영화의 배경이 되었다는 전언 때문이었다.

지중해를 끼고 있는 남유럽 해안가 마을로의 여행이 근래 들어 '현지인처럼 살아보는' 여행의 한 방식으로 한층 각광을 받고 있다.

지중해의 섬 그게 아니면 적어도 지중해를 끼고 있는 남부 유럽의 해안가 마을로의 여행이 근래 들어 '현지인처럼 살아보는(Like a local)' 여행의 한 방식으로 한층 각광을 받아오고 있던 터라 이 영화를 향한 나의 관심은 이미 커질 대로 커져 있었다.

지중해 특유의 에메랄드 바다색에 1, 2차 세계대전의 포화에서 얼마만큼은 비켜나 있었던, 게다가 유럽의 여타 지역에 비해 아직도 섬 대부분으로 개발의 손길이 미치지 않아서인지 문명의 이기보다는 육체의 수고로움에 의지해야 하는 아날로그식 즐거움이 상존하는 곳.

요즘 말마따나 지중해의 섬들은 '느림의 미학'을 만끽할 수 있는 천혜의 조건을 갖추고 있는 셈이다.

좀 더 부연하자면 자동차를 렌트할 수도, 그럴 필요도 없이 스쿠터나 자전거를 빌려 타고 섬 한 바퀴를 유유자적 일주한다거나 해변에서 수영을 하다 이마저도 지치면 마을의 어시장을 들러 이곳저곳을 기웃거리면서 시간을 느릿느릿 보내는 이른바 '느리게 살기'가 가능하다는 얘기다.

이렇듯 내게 있어 "맘마 미아"를 관람하고자 했던 이유는 너무나 자명한 것으로, 그런데 영화가 끝나 돌아서는 길에는 전혀 기대치 않았던 반드시 봐야만 했을 이유가 둘은 더 늘어나 있었다.

그 첫 번째는 영화 자체가 지닌 드라마적인 요소인데, 나이 어린 딸의 결혼이 한없이 걱정스러운 엄마의 애틋함과 젊은 시절 그들의 곁을 떠났던 아빠의 뒤늦은 자책감. 말하자면 만국의 공통적인 정서라 할 수 있는 모성애와 부성애를 무기로 영화 곳곳에서 관객들의 눈물샘을 자극하고 있었다

지중해의 섬은 유럽의 여타 지역에 비해 아직도 개발의 손길이 미치지 않아선지 문명의 이기보다는 육체의 수고로움에 의지해야 하는 아날로그식 즐거움이 상존하는 곳이다.

면 가히 웰-메이드 오락영화답게 곧바로 이를 떠받치는 코믹적인 반전이 배우들의 든든한 연기력과 탁월한 가무솜씨에 버무려짐으로써 내내 울리고 웃기다 마침내는 가슴 속 케케묵은 찌꺼기까지 티끌 한 점 없이 걷어내고 있었던 것이다.

지중해는 유럽의 열강과 이슬람계 아시아가 각축을 벌였던 지역이기도 하다.

잠시 여기서 줄거리를 소개하자면, 그리스의 외딴 섬에서 낡아 빠졌고 적자를 면치 못하지만 나름대로 행복하게 호텔을 경영하는 미혼모 도나와 스무 살의 딸 소피.

그녀는 사랑하는 이와 행복한 결혼식을 목전에 둔 신부다. 그런데 완벽한 결혼식을 꿈꾸는 그녀의 계획에 다소 흠이 있다면 결혼식장에서 정작 그녀의 손을 잡아줄 아빠가 없다는 사실이다.

어느 날 우연히 엄마의 처녀 시절 일기장을 발견한 소피는 엄마의 임신에

즈음하여 당시 사귀고 있던, 자신의 아빠로 추정되는 세 남자의 이름을 찾게 되고 이들을 각각 엄마의 이름으로 결혼식에 초대한다.

결혼식 전날, 소피가 초대한 세 남자가 섬에 도착하면서 도나는 당황하게 되는데 소피의 아빠는 누구이며 과연 그녀의 결혼식이 무사히 끝날 수 있을는지 이후의 좌충우돌식 해프닝이 바로 주된 내용이다.

두 번째는 이 영화의 주 무대인 지중해의 섬들이 갖는 역사적인 의미를 되짚어볼 수 있었다는 점이다.

다시 "맘마 미아"로 돌아가 보자. 소피의 아빠로 추정되는 3인의 남자는 런던에서 금융회사의 중역으로, 뉴욕에서 사업가로 그리고 전 세계를 제 안방인 양 휘젓고 다니는 여행 칼럼니스트로, 적어도 외면적으로는 성공적인 삶을 영위하고 있는 중년의 남자들이다.

그런데 별안간 한 통의 편지를 받아들고는 한 순간의 망설임도 없이 이내 비행기 표를 예약하고 그리스의 외딴 섬을 향해 물 찬 제비처럼 떠나는 것이다. 마치 예정돼 있던 여행을 예정대로 떠나는 것처럼.

그들의 고백은 이렇다. 한 사람은 이혼남으로, 다른 두 사람은 독신으로 마치 페달에서 발을 떼면 쓰러져버리고 마는 자전거의 앞 뒤 바퀴살 마냥 어제를 오늘에 오늘을 내일에 걸어서 하루하루를 무미건조하게 살아가는데 어느 날 문득 받아든 몇 십 년 전에 헤어진, 이제는 아무런 상관도 없을 옛 애인으로부터의 초대장이 짧게 만이라도 세파를 벗어나고픈 이들의 마음에 불을 질렀던 것이다.

그들은 처음 얼마 동안은 섬으로부터의 초대를 며칠의 휴가쯤으로 치부하고 있었지만 차츰 시간이 흐를수록 지중해의 조그마한 섬에서 귀소본능을 느껴간다. 결국 영화가 결말부로 치달을 즈음에는 한 남자는 옛 애인 도나에게 프러포즈를 하고 두 남자도 소피의 아빠를 자청하는 형식을 빌려 그들의 뿌리를 이 곳, 지중해의 섬에 묻어 두려하는 것이다. 도대체 지중해는 그들 서구인에게 어떤 의미 이길래.

지중해는 기원전 3세기경 고대 그리스 · 로마 문명의 발판인 크레타(Crete) 문명을 꽃피웠던, 호메로스가 오디세이에서 '포도 꽃 피는 풍요로운 섬이자 바다에 떠 있는 부유한 나라'라고 노래한 크레타가 있던 바로 그 곳이었다.

추론해 보면, 이 영화는 사전의 치밀한 기획 의도에 따라 지중해를 영화의 무대 배경으로 낙점했음에 틀림없다. 단지 보다 더 아름다운 풍광이 필요했다면 태평양 적도 선을 따라 점점이 퍼져있는 프랑스령이나 영국령의 매혹적인 섬에서도 가능했을 텐데 말이다.

서구에 의해 제작되어 서구인들을 주 관객층으로 삼고 있는 이 영화는 그들의 DNA 속 깊숙이 자리하고 있는 공감대를 확실히 끄집어내기 위해 일부러 서구 문명의 뿌리이자 그들에게 있어 인류학적 고향에 해당된다는 지중해 속의 어느 섬을 무대로 삼았을 공산이 크다는 거다.

그래서 영화는 관객 한 사람 한 사람이 그 속의 어느 한 캐릭터가 바로 나라고 느끼기를 기대하면서 극중의 인물들을 뉴욕에서 그리고 런던에서 다름 아닌 지중해의 어느 외딴 섬으로 귀환시키고 있었던 것이다. 이렇듯 "맘마 미아"는 내가 그간 까맣게 잊고 살았던, 지중해가 그리스 · 로마 문명의 뿌리였다는 사실(史實)을 새삼 일깨워주고 있었다.

그럼 이젠, 지중해에서 현지인처럼 여행하는 것이 지겨워질 만하면 유적지 탐방이라는 새로운 주제로 옮겨갈 수 있으니 나도 여행을 떠날 수 있기를 바라면 될 일이다.

Ⅱ.

더불어 사는 아름다움

대둔산이여, 그 빼어남을 더는 자랑하지 말라

금방이라도 타이어가 튕겨져나갈 기세다. 응준이도 지프의 굉음소리가 신경에 거슬리는지 고개를 외로 꼬고는 목청을 더욱 높여가며 약도를 캐묻고 있다.

토요일 이른 아침, 고등학교 동창인 김응준과 엄태현 그리고 나, 우리 셋은 엊저녁 선술집에서 갑작스레 의기투합하여 대둔산(大芚山) 산행에 나서고 있는 길이다.

통상 대둔산을 오르기 위해서는 대략 세 가지 방법 중 하나를 선택해야 하는데, 그래서 지금 달 듯 말 듯 응준이가 핸드폰에 입을 바짝 대고는 통화를 하는 중이다. 충청남도의 논산과 금산 방향 그리고 전라북도 완주의 대둔산 관리사무소에 전화를 해대고는 산행 길에 그 중 경치가 빼어나면서도, 이 곳 경부고속도로 하행선에서 가장 빠르게 도달할 수 있는 출발점

오르는 길이 급격히 좁아들면서 몸뚱이를 서서히 옥죄어 간다.

을 수소문하고 있는 것이다.

뭐든지 신속하고 잠시 에두르기라도 할라치면 눈곱만큼의 인내심도 허락지 않는 도시인들의 습성에서, 충청도와 그에 살을 맞대고 있는 전라도 위지방 사람들 특유의 느릿느릿한 대응이 어지간히도 답답했던지 응준이는 결국 근 삼십 여분에 달하던 통화 막바지에는 숫제 듣는 둥 마는 둥 전화기를 귀에서 떼 내다시피 하며 전화를 끊고 있었다. 그리고는 휴게소에 잠시 들러 인터넷 검색을 해보자는 것이다.

2007년 대선이 막 끝난 직후인지라 우리는 휴게소를 나서던 길로 내내 이명박 당선자에 대해서, 그리고 그와 싱겁기만 한 대결을 펼쳤던 상대 후보들에 대한 품평으로 그리 지루해하지 않으면서 대둔산 어귀에 막 들어서고 있었다.

차안에서 이미 산행코스를 논산 쪽에서 시작하여 완주로 나가자는 데 의견일치를 본 우리는 등산화 끈을 바싹 조이고 준비해간 음료수에, 오이며 귤을 배낭 속에 차곡차곡 넣으면서 서서히 대둔산을 향해 나아가기 시작했다.

어제 저녁 뱃속에 적잖은 술을 채웠던 터라, 채 삼십 분도 지나지 않아 숨이 턱밑까지 차오른다. 게다가 아직도 신년 초의 서설(瑞雪)이 군데군데 남아 있는 탓인지 걸음걸음이 영 미덥지 않다.

입구를 지나쳐 등산로로 접어드니, 지금이 한창 그 뼈대를 속속들이 드러내고 있는 동절기라고는 하나 양 옆으로 펼쳐진 산세야말로 내딛는 발걸음에 무심코 흘려보내기가 아쉽기만 하다.

과거 대학시절 중 대둔산을 다녀왔다던, 이 친구들 말로는 대둔산이 상당히 수려한 경치를 뽐낸다는 것이다. 그 때는 막 여름에 접어든 6월경으로 지금처럼 을씨년스럽지 않게 오르는 길마다 진달래, 철쭉과 엽록의 짙은 물결, 때때로 여름철의 운무(雲霧) 속에 홀연히 나타났다 금세 숨어버리는 영봉과 장폭을 휘 둘러보고 가슴에 한껏 담아두는 즐거움이 있었다는 것이다.

이십여 분 정도가 더 지났을까. 오르는 길이 급격히 좁아들면서 몸뚱이를 서서히 옥죄어 간다. 언뜻 고개를 쳐드니 그 끝에 뾰쪽 솟아오른 험악한 기세가 내 심장마저 얼어 붙인다. 그래서 등산로가 시작되는 시점에 안전모를 비치해 두고서 협곡을 지나라는 배려를 했었나 보다.

그런데 응준이는 '바위 계곡 끝으로 향해가는 자신을 보고 있자니 마치 어머니의 자궁 속으로 다시 기어들어가는 느낌' 이라며 포근함마저 느낀다는 것이다. 평소에도 곧잘 성에 비유하는 버릇을 가진 – 본인은 음양의 이치를 따지는 것이라 주장하지만 – 과연 그답다는 생각에 배시시 웃음이 터진다.

마침내 두 시간을 조금 넘어선 사투(?) 끝에 우리는 대둔산의 최고봉이라는 마천대(摩天臺)에 당도해 있었다. 늘 격무에 시달린다고 투덜대는, 해서 산행에 나설 때면 가장 먼저 헐떡거리며 뒤로 쳐지곤 했던 태현이가 평소와는 달리 앞장을 서서는 혈통 좋은 경주마 마냥 내내 속도를 내고 있었고 반면에 제일 뒤로 쳐진 나야말로 눈길이 미끄럽고 아슬아슬하여 아이젠을 신었다, 벗었다 반복하면서 그 꽁무니를 쫓느라 악전고투 중이었다.

그래선지 협곡을 넘어서부터는, 이 곳 마천대까지 오르는 시간이 영 즐겁지만은 않았던 것이다.

지금도, 사방팔방으로 마천대를 향해 머리를 조아리는 등성이와 사이사이로 수줍게 고개를 내미는 계곡의 절묘한 조화에 탁 트인 시야까지 마주하고도 아무런 감흥도 탄성조차도 터지지 않는, 요즘 말로 치면 멍을 때리는 상태에서 응준이, 태현이와 둥그러니 마주앉아 귤이며 오이를 까먹는데만 정신이 팔려 있다.

'평소 같았으면 이쯤에서 어김없이 가벼운 콧소리나 흥얼거림이 나올 법도 했을 텐데.'

실로 전문가라 명함을 내미는 산악인들은 등반 자체를 목적으로 하는, 좁게는 인수봉 암벽 등반에서 백두대간 종주 그리고 히말라야 고산 등반에 이르기까지 험한 곳을 일부러 찾아다닌다.

그렇다고 우리와는 달리 무슨 슈퍼 히어로 마냥 통점(痛點)이 없는 것도 아니다. 그들도 당연하게 에베레스트 같은 험준한 산에 오를 때면 너무나 고통스러운 나머지 내가 다시 산에 오나 봐라며 푸념을 늘어놓는다는 것이다. 다만 다름이 있다면, 돌아서자마자 본능적으로 다음 차례를 물색한다는 것뿐이다.

따라서 이들에게 왜 산에 가느냐는 질문은 왜 사느냐는 질문처럼 우문에 불과할 밖에. 다시 말해서, 산은 이들에게 있어 존재의 또 다른 의미인 것이다.

그러나 내게 있어 산은 동무 그 자체다. 속내를 뜨문뜨문 털어놓게 만들고, 때론 힘에 겨워 온갖 투정을 부릴라치면 잠시 걸터앉아 쉴 수 있는 자리를 말없이 만들어주는 정겨운 친구 말이다. 당시 기억이 가물가물하기만 했던 황인숙 시인의 〈산오름〉을 옮겨본다.

친구와 북한산 자락을 오른다.
나는 숨이 찰 정도로 빨리 걷고
친구는 느릿느릿.
그의 기척이 이내 아득하다.
나는 친구에게 돌아가 걸음을 재촉한다.
그러기를 몇 번, 기어이 친구가 화를 낸다.
산엘 왔으면, 나무도 보고 돌도 보고
풀도 보고 구름도 보면서 걷는 법이지
걸어치우려 드느냐고.
아하!
친구처럼 주위를 둘러보며 걸으려는데
어느 새 훠훠 산을 오르게 되는 나다.
땀을 뚝뚝 흘리며 바위에 앉아 내려다보면
멀리서 친구가 느릿느릿 올라온다.
나무도 데리고 돌도 데리고
풀도 데리고 구름도 데리고.

능선을 따라 내딛는 사이 삼선바위, 입석대, 장군봉에 섬섬히 박혀있는, 가히 숨 막힐 듯 눈부신 형상의 바위들이 차례로 우리를 맞이한다.

마냥 친구들의 뒤를 쫓았던 때문인지 탁 트인 시야에도 불구하고 감흥이 쉬이 터지질 않는다.

제법 뱃속도 든든하고 이제는 내리막만 남아 있으니 슬슬 힘을 써보기로 한다. 그런데 오르던 길에 어지간히도 용을 썼던 탓인지 내리막이 더 더디기만 하다.

능선을 따라 내딛는 사이 어느덧 삼선바위, 임금바위, 입석대, 마왕문, 장군봉에 섬섬히 박혀있는, 가히 숨 막힐 듯 눈부신 형상의 바위들이 우리를 호위라도 하는 양 뼁 둘러쳐 서있다.

그리 보니 대둔산은 군살을 말려 마른 듯해 보이나 전체적으로 들 곳 날 곳이 분명한 팔등신의 서구 미인을 연상케 한다. 그래서 동양철학자 조용

현 선생 같은 이는 화강암투성이인 대둔산을 일컬어 중국의 오악(五嶽) 가운데 서악(西嶽)으로 불리는 화산(華山)보다야 그 규모는 작으나, 쭉쭉 직선으로 뻗어 있는 바위 봉우리가 그와 비슷한 기세를 지녔다고 평을 했는지 모른다.

얼마 동안은 스치듯 지나는 사람들에게서, 사람의 눈이라는 게 그리 믿을 바는 못 되는가 싶었다. 군데군데 얼어붙은 등산로에 뾰족구두의 이십대 아가씨부터 얄따란 트레이닝복에 실내화 차림의 아저씨까지, 흡사 그들의 차림새가 상암동 하늘공원으로 산책을 나선 필부필부(匹夫匹婦) 마냥 가볍기만 하다.

별안간 케이블카가 떠올랐다. '이 곳에는 완주 방면에서 설치했다는 케이블카가 있었지.'

이 케이블카가 그들을, 대둔산의 명물이라는 금강구름다리가 위치한 해발 686미터 고지까지 단숨에 데려다준 것이다. 비록 오르는 동안 육두문자를 써가며 온갖 불평을 하고 있었다지만 옆구리가 볼썽사납게 불쑥 튀

대둔산은 군살을 말려 마른 듯 보이나 전체적으로 들 곳 날 곳이 분명한 팔등신의 서구 미인을 연상케 한다.

산책을 나선 필부필부(匹夫匹婦) 마냥 사람들의 옷차림이 마냥 가볍기만 하다.

케이블카는 사람들을, 대둔산의 명물이라는 금강구름다리가 위치한 해발 686m 고지까지 단숨에 데려다준다.

어나온 대둔산을 보고 있자니 왠지 짠한 생각이 든다.

과연 자연에 대한 최소한의 경외심은 가지고 있는 것일까. 단 몇 십 분의 땀과 수고로움조차 지불하지 않으려는 사람들이 야속할 따름이다.

그대가 너무도 수려한 까닭에 세상이 가만두질 않았나 보다.

멀리 산을 뒤로 하고도 '그대는 더 이상 빼어남을 자랑하지 말라' 는 소곤거림이 내내 입 속을 맴돈다.

캐나다, 이민자의 천국?

총면적 997만 제곱킬로미터. 아메리카 대륙의, 사람으로 치자면 건장한 상체에 해당하는, 대부분의 지역을 차지하고 있는 우리 한반도의 약 45배에 달하는 거대 국가.

이름 하여 캐나다는 구소련이 해체되면서 다수의 국가로 분할된 이래로 현재 세계에서 가장 큰 영토를 가진 나라 중 하나가 되었다고 한다. 그러나 그렇게 거대한 면적에 비해 인구는 3,200만 명 정도로 우리의 절반을 약간 웃도는 수준에 불과하다.

그렇다보니 지금도 이 나라는 이주민을 가장 활발하게 받아들이는 것으로 명성이 자자하다. 이민의 역사를 잠시 살펴보면 영국계와 프랑스계를 중심으로 독일과 이탈리아 등 유럽에서 건너 간 서양인들이 압도적인 다수를 이루고 있으며 이들의 후손이 중동, 남미, 아시아 지역 등에서 이주

캐나다는 영국계와 프랑스계를 중심으로 유럽에서 건너간 서양인들이 압도적인 다수를 이루고 있다.

를 해 온 신흥 민들과 함께 어우러져 살고 있다.

한편 캐나다는 난민의 천국으로도 불린다. 정치적인 파탄 상태에 이른, 갈 곳 잃은 세계 각국의 난민들을 활발하게 받아들임으로써 지구상에서 인도주의를 가장 잘 실천하는 나라로 정평이 나 있는 것이다.

무척이나 고압적이던 토론토의 경찰과는 달리 관광지의 경찰관 아저씨는 그곳에서 자신의 임무가 무엇인지 잘 숙지하고 있는 듯했다.

예컨대 유엔 난민 고등 판무관실의 1997-1998년도 통계에 따르면 그 시기 중 유럽 대부분의 국가들이 난민을 받아들이는데 매우 인색했던 반면 캐나다는 신청 건수 중 절반 이상을 승인해 줌으로써 난민들에 매우 우호적인 나라로 나타났다는 것이다.

그러나 무엇보다도 중요한 사실은 또 다른 이민자들의 집합체인 미국의 멜팅팟(Melting Pot) 문화와는 달리 캐나다는 각각의 이민자 문화를 존중 · 유지해 줌으로써 그들이 제 색을 버릴 필요 없이 사회 속에서 끝까지 상호 간에 조화를 이루도록 장려하는 이른바 모자이크(Mosaic) 문화를 그 특징으로 하고 있어 이민자들의 마음을 한결 가벼이 만들어 준다는 점이다.

굳이 위의 언급이 아니더라도 사람들은 인구밀도도 낮고 대자연의 보존 상태도 양호하여 거주 환경이 세상 어디에도 비할 데 없는, 거기에다가 개인소득이 2만 달러를 훌쩍 넘어서는 선진국에서 생활하는 이민자들이 부러움의 대상으로, 그 결정은 쉽지 않았을 일이나 그들이 캐나다라는 지상낙원에 도착하고부터는 그저 행복하기만 한 시간을 보내고 있을 거라 지레 짐작하기 쉽다.

그러나 나는 지금 아이러니컬하게도 지상낙원으로 알려진 캐나다가 직면하고 있는 이민에 따른 모순을, 개인적인 관찰을 통해 이야기하려 한다.

캐나다는 사적으로 보자면 이번이 두 번째 방문인 셈이다. 2002년 초여름으로 넘어갈 즈음 밴쿠버에 이민을 가있던 후배네 집을 방문하고 이로부터 5년여가 흐른 후 캐나다의 동쪽에 자리한 메트로시티 토론토를 방문

장면 1

대부분의 가게에 들어서면 – 백화점의 명품 스토어를 제외하고는 – 잔뜩 찌푸리거나 무미건조한 표정으로 계산만을 종용하던 주인이나 종업원들. 서양인의 입에 배어 있다는 그 흔한 하이(hi)나 헬로우(hello) 같은 인사말은 이 곳 토론토에서 찾아보기가 쉽지 않았다.

장면 2

캐나다 체류 기간 동안 그 곳 교포의 집에서 홈스테이를 하고 있던 중 처음의 약속과는 달리 이런 저런 구실을 붙이며 막판에 웃돈을 요구해 오던 집주인. 당초의 약속은 아랑곳하지 않은 채 오직 돈벌이에만 혈안이 돼 있었다.

장면 3

교통사고 현장에 모습을 드러낸 이후로도 오직 자신들의 행정업무 처리가 최우선이라는 듯 교통정리는 뒷전인 경찰관 아저씨들. 내내 고압적이던 그들의 대민업무 태도에도 이제나 저제나 길이 열릴까 마냥 처분을 기다리고 있던 운전자들이 너무나 안쓰러워 보였다.

하게 된 것이다.

그러나 이전의 밴쿠버에서의 추억이 과연 그 곳에 가본 적은 있었던가 싶게 가물가물한 반면 금번의 토론토에 관한 기억은 앞으로도 쉬이 사라질 것 같지 않은 예감이 든다.

이민자의 천국이라는 이 곳 캐나다에 도대체 무슨 일이 벌어지고 있는 것일까?

만약 위의 장면들이 서로 연관성이 없어 보인다면 약간의 부연 설명이 더 필요할 듯싶다.

현재 캐나다는 대략 두 종류의 이민정책을 펴는 것으로 알려져 있는데 그 하나는 세계 각국으로부터 자국의 경제를 개발하는데 필요한 전문 인력을 적극적으로 유치하는 정책. 그리고 두 번째는 투자이민을 통하여 외부자금을 유입하고자 하는 자금 유인책이 또 다른 하나다.

그런데 문제인 것은 캐나다 정부가, 사회가 안정적으로 유지되는 선을 넘어서는 다수의 이민자들을 일거에 수용함으로써 기존의 거주민에게도 그리고 신규 유입 자들에게도 상호 간에 서로를 이해하고 융합해 나갈 수 있는 시간적인 여유를 부여하지 못했다는 점이다.

게다가 더욱 당혹스러운 것은 세계 어느 나라보다도 자유로운 이민정책을 미끼로 이주자들을 유인해 놓고 정작 그들이 앞으로 살아갈 사회에 대해서는 나 몰라라 하는 듯 안일한 태도를 취하고 있는 현 캐나다 정부의 사후관리 자세다.

예컨대 지난 1997년 이민 연방성이 실시한 조사에 따르면 소위 캐나다의 모자이크 문화를 대변한다는, 복합 문화도시로도 잘 알려진 토론토가 의외로 인종혐오나 인종차별뿐만 아니라 시민들 간의 불신의식도 여타 지역에 비해 훨씬 심한 것으로 드러났다.

이는 캐나다 인구의 사분의 삼이 미국 국경지대로부터 200킬로미터 내에 집중돼 있어 편의점이나 세탁소 운영과 같은 상업에 종사하고자 하는,

나이아가라 폭포의 모습. 캐나다 인구의 사분의 삼은 미국과의 국경지대로부터 200킬로미터 내에 집중돼 있다.

그 외로 별다른 대안이 있을 수 없는 투자 이민자들이 자연히 토론토와 같은 대도시로 일시에 몰려든 탓이다.

따라서 이 같은 신규 유입으로 인해 경제적으로도 정신적으로도 자신들만의 안정되고 평화로운 생활이 흔들리고 있다 여기는 기존의 거주민들과 새로이 이주해 오는 사람들 간에 불편한 감정 선이 팽팽하게 형성된다는 것이다.

그럼에도 불구하고 토론토에 머무는 동안 나는 거주민들과 신규 유입자 간 그리고 신규 유입자 상호 간에 발생 가능한 갈등이나 이해관계를 조정하고 나아가서는 이들을 조화로이 융화시킬 수 있는 어떤 프로그램이나 문화행사도 공공에 의해 주도되고 있다는 얘기를 듣지 못했다.

이는 캐나다 정부의 심각한 직무유기가 아닐 수 없으며 마치 모자이크 문화가 유효기간이 없는 만병통치약인 양 과신한 나머지 자국민들을 방치하고 있는 것은 아닌지 자꾸 의구심이 든다.

지구의 어느 식민지 별, 북적이는 선술집에 들어선 괴물들은 복장이나 모양새가 제 각각으로 어느 별에서 왔는지, 출신 배경이 무엇인지 몰라 서로 불안한 표정으로 여기저기서 다투는 소리가 끊이질 않았고 그들의 얼굴은 점점 괴이하게 일그러져 갔다.

지금도 지난 2주간의 토론토를 떠올릴 때면 영화 스타워즈에서나 봄직한 살풍경이 연상되곤 한다. 참으로 서늘한 체험이었다.

북한산 도토리를 아시나요?

북한산은 이젠 나에겐 없어서는 안 될 소중한 존재다. 지금으로부터 약 십여 년 전 직장 상사의 권유에 의해 자의반 타의반으로 시작되었던 등산이 지금은 며칠만 쉬어도 온 몸에 좀이 쑤셔 결국 발걸음을 옮기게 만드는, 취미를 넘어서 거의 중독 수준에 다다른 것이다. 게다가 북한산이야말로 집에서 엎드리면 코 닿을 데로 많은 시간을 들이지 않고도 쉬이 찾을 수 있어 그간 쉼 없이 드나들었던 것이다.

특히 평창동 매표소에서 시작하여 일선사나 대성문에 이르는 코스는 아마 눈을 감고도 오르락내리락할 만큼 익숙하다. 어디쯤에 사람들의 발걸음이 드문 아늑한 쉴 장소가 있는지 또 어디에 물반 곤충반의, 우리 아이들이 환호할 만한 냇가가 숨어 있는지 머릿속에 훤히 그 상세한 지도를 그리고 있는 것이다.

북한산은 어디쯤에 사람들의 발걸음이 드문 아늑한 쉴 장소가 있는지 머릿속에 그 상세한 지도를 그리고 있을 만큼 친숙한 곳이다.

그래서인지 때론 등반 중에 북한산이 화제에 오를라치면 누구라 할 것 없이 저마다 내로라하는 명산의 이름을 줄줄이 읊지만 그럼에도 나에게는 북한산이야말로 명산 중의 명산이요, 줄곧 믿음직스럽기 그지없는 길동무가 돼 주었다.

그런데 요즈음 늦여름을 지나 가을로 접어드는 길목에서 난데없는 웬 불청객들이 등산로에 출몰해서는 북한산을, 우리의 자연을 위협하고 있는 것이다.

도토리를 채집하는 사람들이 그들로, 후드득 떨어지는 도토리를 배낭 가득히 주워 담는 이들은 그나마 양반 축에 속한다. 심지어 어떤 경우는 자기의 몸집만한 부대자루를 대동해서는 멀쩡한 나무까지 흔들어대면서 아예 도토리의 씨를 말릴 기세다. 가히 애교의 수준을 넘어서고 있는 것이다.

이에 대해 일각에서는 근래 들어 부쩍 먹을거리에 대한 사회의 불신이 그 도를 넘어서 있고 무엇보다도 어렸을 적 어머니가 직접 만들어 주셨던 도토리묵을 다시금 추억의 대상으로 삼아보려는 그들의 애틋한 심정의 발로에서였다는 얘기도 들린다.

그러나 도토리묵은 그들에게 있어 저녁식사에 등장하는 찬의 한 종류로, 있으면 좋겠지만 없어도 그만인 선택의 문제이거나 혹은 아스라이 사라지는 동심의 기억을 되살려 보려는 사치재인 반면, 저 숲속의 실질적인 주인이랄 수 있는 다람쥐 같은 초식 동물들에게는 도토리야말로 겨울을 안전하게 나는 필수재이자 생존의 문제인 것이다. 그래서 더더욱 양보가 안 된다.

지금 이 순간에도 저 숲의 실질적인 주인인 다람쥐 같은 초식 동물을 포근히 감싸고 있을 북한산의 전경.

우리가 그간 동물을 상대로 대수롭지 않게 행해왔던 장난들이 문화 선진국에서는 결코 가벼이 넘길 수 없는 범죄 행위와 다를 바 없다고 한다. 얼마 전 외신 보도에 따르면 미국 메이저리그에서 활동 중인 한국계 프로야구 선수가 장난삼아 날아가는 독수리에 돌팔매질을 했다가 동물 학대 죄로 체포되어 거액의 벌금을 물고서야 석방됐다는 기사가 나기도 했다. 그들은 자연이 존재하지 않는 세상에서 인간이 홀로 생존해 갈 수 없다는, 말하자면 인류와 더불어 동식물이 오랜 세월동안 상부상조해 오고 있음을 직시하고 있는 것이다.

그럼에도 불구하고 우리네 현실은 북한산에서만 아니라 전국 어디에서도 인간이 먹이사슬의 최정점에 군림하고 있는 양 자연을 그저 소비의 대상쯤으로 착각하고 있다. 지금도 눈 덮인 능선에서 자칫 동물들의 겨울잠을 방해할 수 있는 외침 소리를 심심찮게 들을 수 있고 등산로 주변으로 여기저기 널브러져 있는 색 바랜 쓰레기 더미들이 바로 우리의 현 주소를 대변

하고 있는 것이다.

과거 우리의 아버지, 할아버지께서는 그들의 어린 시절 매년 보릿고개를 경험하셨을 만큼 혹독한 가난에 시달렸고 오로지 다음 세대에는 기억조차 하기 싫을 지긋지긋한 가난 대신에 풍요를 전해주기 위해 일평생을 노심초사하셨다. 그래서 지금은 이 정도만치 먹고살 만해졌고 – 외환위기 이후 산업구조와 고용형태의 변화로 양질의 정규직 일자리가 줄어드는 등 조정기를 거치고 있다고는 하나 – 세계에서도 제법 경제 선진국이라 대접받고 있는 것이다.

그렇다면 우리는 후손들에게 무엇을 물려줄 것인가. 우리의 전 세대가 풍요를 전해줬다면 우리는 다음 세대에 경제력뿐만 아니라 문화적으로도 선진국의 자격을 갖추었다는 자부심과 그에 걸맞은 품격을 유산의 하나로 물려주는 것은 어떨까.

"욕심 부리지 마시고 먹을 만큼만 가져가세요. 나머지는 자연에 돌려주시고요. 이제는 남도 생각해 가면서 품위 있게 삽시다."

Ⅲ.

변화와 도전

사이고 다카모리를 만나다

Q 출생지는 어디신지?

민주화의 성지(聖地)이자 예향(藝鄕)으로 이름이 드높은 빛고을 광주에서 나고 서울에서 자람.

Q 슬하에 자녀는?

1녀 1남.

Q 좋아하는 음식은?

바다에서 생산되는 것이라면 호불호(好不好)가 없음.

Q 주말에 혼자만의 시간이 날 경우 하시는 일은?

트레킹과 독서.

(이하 중략)

Q 마지막으로 존경하는 위인은 없으신지?

도예에 조예가 있으신 아버지와 도예가 심수관 선생. 가고시마는 우리에게 임진왜란 당시 조선의 도공들이 붙잡혀가 터전을 마련해야했던 역사의 아픔이 스며있는 곳이기도 하다.

위는 두 어깨가 한없이 늘어져 그 무게가 버거워질 때면 가끔씩 회복제 맞는 셈치고 써먹는 방법인데, 이를테면 사회 저명인사가 된 나를 상상하고 언론매체와 인터뷰를 하는 것이다.

물론 더도 덜도 아닌 공상이라고 하지만 재미나는 것은 질문이 막바지에 이르러 존경하는 인물에 들어서면, 이 이가 좋을까 아니면 저 사람으로 할까며 한참을 망설이다 끝내는 얼버무리기 일쑤라는 사실이다.

잠시 어린 시절로 시계바늘을 되돌려 보자.

왕왕 집안 어른이나 학교 선생님께서 존경하는 위인을 물으실 때가 있다. 그럴 때면 나의 대답은 그 나이 또래가 대개 그렇듯이 이순신 장군이나 광개토 대왕과 같은, 지극한 위국충절(爲國忠節)이나 태산북두(泰山北斗)의 영웅 상에서 그다지 벗어나질 않았다. 오히려, 사고의 폭이 제한되어 있는 어린 아이에게서 그 이상의 답을 기대한다면 그것이 생뚱맞은 일일 것이다.

그러던 것이 성인이 된 이후로, 특히 학교생활을 마치고 나서는 이 같은 위인들로부터도 서서히 멀어지고 말았다. 아마도 변덕이 죽 끓듯 하고 속마저 좁아진 탓에 대부분은 너무 진부하다는 둥, 어떤 이는 나와는 시대적 사명이 달라 비전을 공유할 수 없다는 둥, 또 다른 이는 업적은 존경받을 만하나 인품이 그에 비할 바가 못 된다는 둥의 온갖 시시콜콜한 이유를 들먹이며 하나 둘씩 마음속에서 지워내고 있었던 것이다.

그런데 요즘 들어, 존경하는 위인을 가슴깊이 품고 살았던 그 때가 얼마나 행복했었나를 새삼 깨닫고 있는 중이다. 한 해 한 해 나이가 들수록 눈

앞의 현실에 더 집착하게 되고 일희일비하며 그에 따라 점점 왜소해지는 내 자신을 발견할 때면 더욱 그렇다.

사이고 다카모리는 막연한 불안감만큼이나 자신감으로 가득 차 있던, 사회 진출을 바로 코앞에 둔 20대 후반의 내게 있어 등불과도 같은 여러 존재 중 하나였다.

사실 어릴 적에야 밤을 세워가며 단숨에 읽어 내렸던 위인들의 일대기에서 그 분들의 업적에 대한 동경심과 대리만족을 한 가득 가슴에 채우고 있었다면, 20대 청년기에는 보다 구체적인, 예컨대 그 분들이 어떠한 길을 걸었으며 그 가운데 맞닥뜨린 역경이 있었다면 어찌 극복해왔는지 기나긴 인생의 행로에 좀 더 무게를 두고 있었다는 것이 다른 점이었으리라.

사실 그 시절이 비로소 하나의 인격체로서 온전히 인정받고 활동하게 될, 한 발짝 앞으로 다가선 사회생활을 예정하고 있던 시점인지라 마땅히 탐구의 대상일 수 있었던 것이다.

부친과 심수관 선생 간에 개인적인 인연이 있었던 관계로 선생을 직접 만나 뵐 수 있는 기회를 가졌다.

그렇게 닥치는 대로 위인들의 일대기를 탐독하던 중 현대 일본의 근간을 만들고 이끌었던, 그래서 그들이 자랑해 마지않는 메이지 유신의 주역 '사이고 다카모리'를 하근찬 선생의 〈제국의 칼〉에서 조우케 되었다.

흔히들 사이고 다카모리와 오쿠보 도시미치 그리고 기도 다카요시를 메이지 유신 3인방이라 일컫는데 그 중에도 메이지 유신의 성공적인 촉발은 사이고 다카모리의 뛰어난 통솔력에서 비롯되었다고 해도 과언이 아니다. 그는 대중을 자신의 편으로 끌어들이는 친화적인 지도력으로 많은 사람들을 막부(幕府) 타도라는 하나의 목표로 결집시킴으로써 메이지 유신처럼 한 나라를 통째로 뒤바꿔버리는 대사업을 막힘없이 이끌었던 것이다.

사이고 다카모리는 지극히 미천한 신분으로, 1800년대 초 일본 규슈 남부 끝에 위치한 지금의 가고시마 현에 해당하는 사쓰마 번에서 하급무사의 아들로 태어났다.

당시 사쓰마는 일본 정치, 경제, 문화의 중심지였던 에도라고 불렸던 도쿄나 찬란한 문화를 꽃피웠던 고도(古都) 교토에서 멀리 떨어져 있는, 내륙 중심적인 사고로 보면 변방에 불과한 한미한 지역이었다.

그럼에도 불구하고 사쓰마 번은 중세 이래로 근대에 이르기까지 국제정보 수집과 신문물 도입의 관문으로서 간간히 그 쓰임새를 이어오고 있었다. 예컨대 1543년에는 총포가 그 곳을 통해 전래되었고 예수회의 프란스시코 사비에르 신부는 1549년을 기점으로 해서 기독교 포교를 시작하였으며 1553년엔 사쓰마 출신의 유학생이 일본에서 최초로 유럽대륙을 밟기도 했다.

그러던 것이 1840년대에 들어, 개항과 통상을 요구하는 유럽 열강의 압력이 높아지자 사쓰마는 본격적으로 근대화에 착수하게 되는데 1851년 사쓰마 번의 주인이 된 시마즈 나리아키라는 유럽식 부국강병책으로 이른바 '슈세이칸(集成館) 사업' 을 추진한다. 슈세이칸 사업이란 사쓰마 번 교외의 공장인 슈세이칸을 중심으로 제철과 조선, 방적, 인쇄, 출판, 교육, 제당, 의료 등 경중을 따지지 않고 근대 산업을 육성한다는 것이다.

이를 통하여 사쓰마 번은 일본에서도 가장 선진적인 지역 중 하나로 발돋움한다. 여기서 메이지 유신의 두 주역, 사이고 다카모리와 오쿠보 도시미치가 시마즈 나리아키라의 쌍두마차로 종횡무진 활약을 펼치면서 마침내는 그들의 고향 사쓰마 뿐만 아니라 일본을 근대화의 길로 이끌었던 것이다.

그런데 내가 사이고 다카모리에 주목했던 이유는 언급했던 것처럼 화려한 업적 그 이면에 숨어있는 지고지난(至高至難)한 삶의 궤적과 어떠한 고난에도 굴하지 않던 불굴의 의지, 그 때문이었다.

젊은 시절, 그의 무궁무진한 잠재력을 눈여겨보던 차 중히 활용함으로써 다양한 행정경험과 정치력을 쌓게 해 주었던 주군이 생을 달리하자 사이고 다카모리는 일생일대 최대의 시련에 봉착하게 된다. 즉, 새로운 영주하에서 그와는 정치적인 노선이 다르다는 이유로 자결을 강요당하거나 죽음과 진배없는 두 차례의 유배지 생활을 통하여 갖은 고초를 겪게 되었던 것이다.

그러나 그는 수차례의 죽을 고비와 끝 모를 밑바닥으로 내쳐지면서도 인생에 대한 긍정적인 태도를 흐트러짐 없이 견지하고 끝내는 극복해 감으로써 결국 품었던 뜻을 성취하고야만, 강인한 사내였던 것이다.

2007년 12월 늦은 저녁, 나는 가고시마의 백수관 호텔 뜰 앞 바닷가를 홀로 거닐고 있다.

아버지의 고희를 맞이하여 슬하 2남 1녀 이하 전 가족이 이 곳 가고시마로 온천여행을 다니러 온 것이다. 그간 가고시마와 오이타의 벳부온천을 언급하시던 아버지께서 가고시마로 행선지를 굳힘으로써 근래 들어 꼭 한 사이고 다카모리처럼 일평생 포기와 좌절을 모르시던 아버지. 고희를 맞으시고는 가고시마로 가족여행을 제안하셨다.

저 바다 너머로 몇 시간이고 가다보면 사이고 다카모리가 유리되었다던 유배지가 꼭 모습을 드러낼 것만 같다.

번 다녀오고 싶다던 가고시마에 발을 디디게 된 것이다.

지난 십 수 년 동안의 직장생활을 뒤로 하고는 이후 쉬이 행로를 개척할 수 있으리라 여겼던 순진함 때문으로 올 한 해 동안 이러저러한 마음고생을 겪고 있었던 차라, 아마도 20대 청년시절 감동해 마지않던 사이고 다카모리가 다시금 그리워서였는지 모른다.

12월의 기온이라고 믿기지 않을 만큼 따스한 바람이 이따금씩 내 귓불을 스쳐 지난다. 바로 코앞까지 돌진해 왔다가 하얗게 부서지는 파도의 행렬을 줄곧 응시하다가 고개를 저 멀리 수평선으로까지 죽 내밀어 본다. 저 너머로 몇 시간이고 가다보면 사이고 다카모리가 유리되었다던 유배지가 꼭 모습을 드러낼 것만 같다.

그런데 거짓말처럼 바로 눈앞에서 사이고 다카모리가 두어 명 남짓 정도나 거둘 것 같은 손바닥만 한 돛단배에 몸을 실으려는 중이다. 그는 배웅이 못내 억울하고 아쉽기만 한 서넛의 친구들에게 호탕한 웃음과 함께 무어라 말을 건네고 있는 것이다.

금세 그의 얼굴로 환한 미소가 퍼져나간다. 마치 잠시 휴가라도 받아 여행을 떠나는, 점점 들떠가는 사람처럼 말이다.

나는 나도 모르는 새 그에게 다가가기 시작했다.

"당신은 사이고 다카모리가 아닌가요? 그런데 뭐가 그리 즐거워 죽음에 이를 수도 있는, 기약 없는 길에 들어서면서 이처럼 태평할 수 있는 거죠?"

내 옷차림이나 말투가 너무도 괴이하다는 듯 한참만에야 그는 말문을 튼다.

"뉘신지 모를 일이나, 그 옛날 한신은 자신의 동네에서 조차 내놨던 놀림감으로 꼬부랑 노파에게 밥을 빌어먹고 한편으로는 허리를 굽히며 개처럼 기어서 무뢰배의 두 가랑이 사이를 지나도 가지 않았소. 최소한의 자존심은 지킬 수 있는 지금의 내 처지가 그 한신보다도 백번은 나으니 무언들 어려울 것이며 두려울 것이요?"

사이고 다카모리는 특유의 부리부리한 눈을 한껏 치켜뜨고는 또 다시 한참이나 나를 응시하더니 훌쩍 배에 몸을 실어버린다.

제2의 인생을 설계해 보겠노라며 남들 말마따나 따뜻한 아랫목을 호기 있게 박차고 나와서는 불과 한 줌도 안 되는 소낙비와 찬바람에 마치 내 숨통을 끊어놓을 것 같은 링반데룽(Ring Wanderung)*이나 만난 것처럼 잔뜩 움츠러든 지금, 그가 나를 향해 준엄히 꾸짖고 있는 것이다.

백절불굴(百折不屈). 백번 꺾여도 무너지지 않게 내 자신부터 끊임없이 경계하고 다스리라며 말이다.

* 링반데룽이란, 등산 중에 폭우, 폭설 등으로 방향감각을 잃고 길을 헤매면서도 결국 제자리만을 맴돈다는 조난 용어.

해남 땅끝 마을에서

2008년 4월 30일

아침에 늦잠을 자는 통에 허겁지겁 서둘러 배낭을 꾸리고는 12시로 예정돼 있는 미팅에 나서는 길이다.

당초에는 앞서거니 뒤서거니 하며 그간 산행 길의 충실한 동반자 노릇을 해주던 이십년 지기 김응준과 엄태현 군이 해남 땅끝 마을을 출발하여 강원도 양양에서 마감하는 국토 대장정에 동행하기로 했었는데 갑자기 회사의 업무에, 그리고 사적인 일이 생겼다며 며칠 전부터 난색을 표하고 있었다.

그럼에도 불구하고 처음 제안을 했던 이도 나였고 언제부턴가 올 봄에는 꼭 결행을 하리라 마음을 다잡고 있었던 탓에 더 이상 뒤로 미루기에는 너

여름은 또 얼마나 더울는지. 5월 초입이 무색하게 살갗을 파고드는 햇살이 자꾸 나를 응달로 내몬다.

무 애가 달아올라 나만이라도 먼저 시작하기로 작정을 한 것이다.

'나쁜 자식들, 시간이 다 지나서 못 가겠다고 나자빠지면 어쩌자는 거야. 진작 알려줬더라면 다른 팀이라도 꾸려볼 수 있었잖아.'

한 사람은 직장인으로 또 한 사람은 회사의 대표로, 모두들 한치 앞을 가늠하기 힘든 사회인이다 보니 머릿속으로야 이해가 안 되는 바도 아니었지만 허탈함에 자꾸만 볼멘소리가 기어 나오는 것은 나로서도 어쩔 도리가 없었다.

정오에 시작된, 점심을 겸한 미팅이 예정보다도 늘어지게 되어 오후 2시 30분에 출발하는 해남 행 버스에 못 오를까봐 느긋이 등을 기대지도 못하고 좌불안석이다.

택시 기사에게 사정 얘기를 하고 좀 더 속력을 내줄 것을 당부하니 막히는 도로는 이리저리 골목길로 돌아가고 상황에 따라서는 대충 신호까지 위반해 가면서 결국 시간에 맞춰주는 것이다. 해남이라는 곳을 찾는 사람들도 많지 않을 뿐더러, 남도에서도 그 끝자락에 자리하고 있는 터라 주행 시간이 녹록치 않아선지 하루에 기껏 너덧 편 안짝으로 운행하는 모양이다. 그래서 자칫 버스를 놓치기라도 하면 새벽녘이 되어서야 도착하는 악몽 같은 상황이 발생할 수 있었다. 기사 아저씨에게 정말로 감사하는 마음에 내 눈길은 택시가 사라지고도 한참이나 그 뒤를 밟고 있었다.

두어 개의 신문을 정독하고, 들고 간 책까지 거의 반가량을 읽었음에도 스쳐 지나는 이정표가 아직도 전라북도를 벗어나지 못하는 중이다. 그나마 다행이라면 우등고속에 몸을 싣고 있었기에 나머지 시간에는 마음 내

키는 대로 자세를 바꿔가며 비몽사몽간에 선잠이라도 청할 수 있었던 것이다.

5시간 반 이상을 줄곧 달리던 끝에, 사방이 어둑어둑해져서야 버스는 승객들을 해남읍 버스 터미널에 토해내고 있었다. 땅끝 마을로 가려면 여기서도 시외버스를 타고 한 시간 못 미치게 더 들어가야 한다는 매표소 여직원의 말마따나, 아예 터미널에 가까운 근처 식당에서 요기를 하기로 했다.

아직도 해남이 한 치 건너면 서로 형님 동생이 되는 시골이라 실감이 나는 것이 터미널 앞 택시 승차장에는 출고를 기다리는 양, 주인 없는 택시만이 일렬로 길게 줄을 서 있었고 운전사들은 한 쪽 귀퉁이에 삼삼오오 모여앉아 왁자지껄 얘기꽃을 피우고 있나하면 다른 한 편에서는 고스톱에 정신이 팔려 있었다. 약간 명의 깍두기 머리에, 차림새에서는 비록 악동의 불량스러움이 잔뜩 배어 있었지만 그들의 웃음기 가득한 왠지 모를 천진

애초에는 최남단 땅끝 마을을 출발하여 강원도 양양에서 마감하는 국토 대장정을 계획하고 있었다.

스러움과, 그리고 그 주위를 감싸 흐르는 사람 냄새가 낯선 이방인의 경계심마저도 해제시키고 있었다.

'이제 대도시에서는 공항이든 역전 승차장이든 어디에서고 찾을 수 없는 풍경이련만.'

구수한 내음이 진동을 한다. 휴게소에서 커피 한 잔으로 지나자며 아무런 곡기도 들이지 않았던 까닭에 식당으로 들어서자마자 진동하는 생선 굽는 냄새에 뱃속이 벌써 요동을 친다.

내장탕에, 맛의 고장으로 일컬어지는 남도답게 근 열 가지에 달하는 그야말로 입에 착착 달라붙는 찬거리로 포식을 하고 드디어 땅끝 마을 행 버스에 올랐다. 그런데 매표소 여직원의 안내와는 달리, 실상은 한 시간도 넘게 여기저기 안 쉬는 데 없이 정차를 하면서 진을 빼놓더니 완행차선의 종착역 땅끝 마을에 가까스로 당도해 있었다. 이제는 버스의 'ㅂ' 자만 들어도 울렁증이 날 지경이다.

그래도 첫인상이 썩 마음에 드는 게, 장시간의 버스 여행에서 비롯되었던 피로감과 지루함을 단숨에 날려 보내는 것이다.

해남 땅끝 마을은 자그마한 어항(漁港)이다. 어항이라기보다는 주로 인근 섬으로 향하는 여객선들이 떠나고 도착하는 발착 장으로 사용되는 연안부두이기 때문인지 항구는 뭔가 북적거리지도, 요란스럽지도 않다. 게다가 말발굽처럼 움푹 들어간 분지에 있어야 할 만큼만 있는 듯 식당에 모텔이 뜨문뜨문 둥지를 틀고 있으니 속세에 때 묻지 않은, 마치 화장기라고는

해남 땅끝 마을은 여객선이 떠나고 도착하는 연안 부두이기 때문인지 항구는 뭔가 북적거리지도, 요란스럽지도 않다.

전혀 찾을 수 없는 순박한 시골처녀 같다.

모텔로 찾아 들어가는 길에 불현듯 최인호 선생의 소설 〈제4의 제국〉의 한 구절을 떠올린다.

호자정의 부두는 생각했던 대로 작은 어항이었다. 그러나 그리 정이 가는 풍경은 아니다. 항구의 건물들은 바다를 향해 다닥다닥 얼굴을 내밀고 있었고 너나 할 것 없이 모두들 울긋불긋 분칠을 하고 있어 마치 파시(波市)를 따라 몰려드는 작부(酌婦)의 얼굴처럼 보였다.

2008년 5월 1일

엊저녁 밥 한 공기를 훌쩍 비우고도 맛나다며 자꾸 집어 들었던 짭소롬한 젓갈 때문이었을까? 아침에 일어나 화장실을 들락거리다, 이제는 거의 탈진에 이른 상태다.

오늘은 대략 삼십 킬로미터 전후를 걸어야 할 것으로 일정을 잡았는데 시작도 하기 전부터 난감한 마음이다. 그렇다고 모텔 방에서 마냥 죽치고 앉아 배탈이 잠잠해지기를 기다리자니 답답증은 더해간다. 결국, 걷다가 정 안되면 중도에서 포기하는 한이 있더라도 우선은 출발을 하기로 작정한다.

이름하야 땅끝농장. 마치 스타워즈에서나 나옴직한 깡통 로봇이 인상적이다.

세 시간여 째를 걷고 있다. 처음 한 시간 가량은 내딛는 걸음이 황소걸음이었는데 가히 상상을 할 수 없을 만큼 청정한 공기에 시원한 바람을 쐬고 있자니 뱃속도 가라앉고 차츰 컨디션을 회복해 가는 중이다. 게다가 바닷가를 끼고 한정 없이 이어지는 해안도로가 전혀 지루하지 않다. 물 빠진 갯벌에 덩그러니 홀로 놓인 손바닥만 한 어선이 한 폭의 정물화이고 그 너머로 군데군데 점점이 박혀있는 주먹만 한 섬들은 짙은 녹음으로 뒤덮여 군청색 바다에 하얀 파도가 일 때마다 묘한 어울림을 이루어간다.

오늘은 첫날이고 하니 워밍업 차원에서 매 오십분마다 십 분을 쉬어가기로 했다. 배낭에서 생수 한 통을 집어 들고는 드디어 녀석들에게 문자를 보낸다. 자꾸 서운해지는 마음이, 당초의 약속을 깨고 친구 홀로 보내게 했으면 위로 차원에서도, 아니면 응원을 해주려는 마음에서라도 전화 한 통씩은 했어야 벗에 대한 최소한의 도리를 다하는 게 아닐까.

그래서 지금까지 두어 번을 쉬어가고 있었지만 자존심이 상한 나머지 소식을 알릴 생각도 하지 않았다. 그런데 내가 먼저 그들에게 문자를 보내려 하는 것이다. 홀로 외롭고 처량해지는 것이 이 이상은 어쩔 수 없었던 모양이다.

고목나무에 대롱대롱 매달려 있는 그네에 두 발을 내걸어 얼마 간 소슬 바람에 방치해 둔다.

이번 참은 반시간이 가까워 오도록 자리를 못 뜨고 있다. 5월 초순의 기온이라 믿기지 않을 만큼 햇살이 너무 따사로워 서늘한 그늘을 제공하는 정자 밑이 마냥 좋기도 했지만 정자 아래 언덕배기 끝으로 미역 비스무리하게 보이는 해조류를 다듬고 계시는 서넛의 아주머니들에 정신을 놓고 있었다. 비록 손과 발은 쉴 틈이 없었지만 마음만은 한갓지게 묶어두셨는지 언제 적부터 전해 왔을지 모를 이 지방 특유의 구성진 노랫가락에 느릿느릿 마음을 싣고 있었던 것이다.

그래서 어렵사리 돌아서는 길은, 내가 그 광경을 보긴 본 것인지 아니면 마치 조금 전까지도 티브이에서 방영하는 다큐멘터리를 시청하고 있었던 것이 아닌가는 착각이 들 정도였다.

시계침은 이미 정오를 지나서 있고 이 어디쯤에서는 점심을 해결해야 할 것 같은데 도통 인적이 드물다.

해안도로를 끼고 도는 길에서는 하나 건너 마을 하나씩은 자리하고 있더니만 내륙 쪽으로 들어선 이후로 마을은 고사하고 사람을 찾아보는 것조차 어려워진다. 게다가 내 옆을, 거대한 8톤 트럭이 굉음을 지르며 지나칠 때마다 소름이 확 돋는다. 먼지바람에 숨이 턱턱 막히고 순간적으로 내 몸을 들었다 놓는 것이 더럭 겁부터 나는 것이다.

얼추 한 시간이 더 지나서야 마을을 찾을 수 있었다. 영전리가 바로 그 곳으로, 멀리서 형체로만 서있던 입간판이 흐릿하게 시야에 잡히기 시작한다. 까만 고딕 글씨체로 큼지막하게 영전 백화점이라 쓰여 있었다. 도대체 이 조그마한 시골 마을에 무슨 백화점이라고.

의아심에 정신이 팔려 인기척도 없이 가게에 들어섰다. 아마도 타지인이 불쑥 들어서니 경계심이 드셨던 것인지 주인아주머니께서는 위 아래로 나의 차림새부터 훑어보신다. 정중히 인사를 올린 후 '이 근처 어디에서고 식당을 찾을 수 없어 들렀노라' 며 라면이라도 끓여줄 수 있는지 부탁을 드렸다.

그런데 땀을 식히며 라면을 기다리는 동안에도 백화점이라는 명칭이 머릿속을 뱅뱅 돌면서 도통 떠나질 않는다.

"이름이 참 멋지네요, 영전 백화점이라. 근데 백화점이라는 이름은 아주머니께서 붙이셨나요?"

"그거? 아녀. 손님도 봐서 알겠지만 우리 가게에는 애들 풍선껌서부터 톱이나 망치 같은 농기구까지 없는 것이 없제. 그래서 마을 사람들이 백화점이라고 이름 붙여준 거여."

아주머니는 자신의 가게가 주민들에게 많은 사랑을 받아왔음을 자랑하고 싶으셨던지 마을 사람들에 이르러서는 한껏 힘을 주어 말씀하신다.

나 홀로 여행이 귀빠지고 난 이래로 두어 번째나 될 것 같아 한번쯤은 내가 주인공인 사진을 남기고 싶었다.

이리저리 가게를 휘둘러보니 아주머니께서 그러실 만도 하다는 게, 서울의 방송 3사까지도 이 백화점 가게를 취재하러 왔었다는 신문 스크랩이 때 묻은 사진틀에 고이 모셔져 있었다.

"그나저나 아저씨는 어디서 왔소? 보아 허니 서울서 오신 거 같은디. 무신 여행을 혼자 한당가, 심심하게시리."

순간 서울에 있을, 참으로 몹쓸 친구들 얼굴이 스쳐 지난다.

출발하기 전 얼추 계산한 바로는 지금까지 약 십오에서 이십 킬로미터 사이를 걸어온 듯하다. 이젠 재충전도 할 만큼 했으니 다시금 길을 재촉할 모양이다. 거듭 사양을 해도 아주머니는 기어코 내 손에 오이 몇 개를 꼭 쥐어주시면서 혼자 하는 여행인데 부디 건강에 더 신경 쓰라는, 마치 내 어머니와도 같은 말씀을 건네신다.

'감사합니다, 아주머니. 이 오이가 내겐 산삼 같네요. 아자! 아자! 국헌석 화이팅.'

그렇게 응원을 받으면서 스스로를 북돋우며 보무도 당당하게 출발을 했건만 얼마를 못가서 또 쉬어가야 하는, 여행 전으로 우려해 마지않던 불상사가 발생하고 말았다. 트레킹을 떠나기 전으로, 준비해야 할 혹은 유의해야 할 사항들을 체크해오다가 문득 어느 잡지에선가 물집에 대비하는 요령이라는 글귀를 읽은 적이 있었다. 요는 발에 물집이 잡힐라치면 자주 쉬어가면서 베이비파우더를 발라주고 통풍을 하라는 귀띔이었다.

어쩔 도리 없이 쉴만한 장소를 찾아 근처의 성당으로 발길을 돌렸다. 자그마하니 모양새가 도드라져 있지 않는 아담한 성당이었다.

요즘 들어, 서울에서는 저 홀로 웅장하게 솟아 오른 화려할 데 그지없는 교회의 모습이 하나 둘씩 느는 것 같아 눈살을 찌푸리곤 했는데 이 곳 성당은 첫 눈에 정이 간다.

대륜산 중턱에서. 한참을 올라왔어도 간간이 들리는 건 내 거친 숨소리뿐, 그 흔한 다람쥐조차 눈에 띄질 않는다.

기실 종교의 목적이라는 것이 사회 구성원들을 영적으로 인도하여 사람들 속에서 그리고 사회 속에서 함께 어우러지는 것일 텐데도, 요즘의 종교는 그 목적 자체를 간과하여 자꾸 네 편 내 편을 가르고 서로 내가 더 잘났다고 경쟁이라도 하는 듯이 보여 아쉬움과 안타까움이 들곤 했는데 이 곳 영전리의 성당과 그에 바로 이웃해 있는 교회의 건물은 외양부터가 시골 사람들의 소박한 모습과 닮아있어 한결 마음을 가볍게 한다.

신발을 내팽개치고 양말까지 벗어젖힌 다음 베이비파우더를 듬뿍 들이부었다. 그리고 고목나무에 대롱대롱 매달려 있는 그네에 양발을 내걸어 얼마 간 소슬 바람에 방치해 둔다.

얼마나 졸고 있었을까. 옆을 휙 스쳐 지나는 고양이 소리에 부스스 잠에서 깼다.

마음이 조급해진다. 예상보다 길어진 휴식으로 인하여 오늘 예정하고 있었던 장소까지 당도치 못할 수도 있겠다는 다급함에 서둘러 신발을 고쳐 맸다.

급하게 성당 옆을 지나치는 순간 스르르 멈춰서고 만다. 지금은 냉담 중이라고 하나 어린 시절 성당에서의 추억들이 아직도 생생하기만 하니 저절로 발걸음이 멈춰선 것이다.

넉넉하게 봐줄라 쳐도 기껏 30명 정도나 들어갈 수 있을 듯, 아주 좁은 실내에 내부가 마치 전교 초기 시절의 꾸밈새 마냥 별다른 장식조차 없는 소박한 모습이다.

대도시에서 날마다 온갖 나쁜 짓을 아무렇지도 않게 자행하면서 주말이면 용서를 구한답시고 모여드는 철면피들이 기웃거리는 교회당도 있다지만 이들처럼 매일 매일을 정직하게 땅과 씨름하며 살아가는 소박한 민초들을 위해서도 종교는 존재한다는 생각에 코끝이 시큰해진다.

"하느님, 생전 보도 듣지도 못한 남도의 끝 영전리에서 우연히 당신의 품으로 들어섰습니다. 비록 제가 항상 당신을 찾는 선한 양은 아니지만 이 순간만큼은 진지한 마음으로 기도드리오니 부디 당신의 은총이 이 곳 영전리 주민들에게도 가득 하길 비오며 이번 여행이 무탈하게 끝날 수 있도록 저도 굽어 살펴주소서."

평소 같았으면 기복신앙에 거부감이 있어서기도 하려니와 여태껏 냉담하다가 아쉬워지면 기대려드는 나라는 인간의 얄팍한 심사가 스스로 마음에 들지 않아 간혹 성당을 찾더라도 자신을 위한 기도를 드리지 않았었는데 오늘은 어찌된 일인지 내 자신을 위한 기도를 드리고서도 그리 어색하지가 않다.

'성당이 편해서였을까, 그게 아니면 나이가 들면서 나라는 인간이 점점 더 뻔뻔해지고 있어서일까?'

보폭은 줄어드는 대신 속도는 점점 빨라지고 있다. 물집이 잡히려는 발쪽으로 아직까지도 신경이 쓰이는 게 사실이지만 어느 순간부터는 걸음이 한결 수월해지는 느낌이다.

드디어 남창면에 들어섰다. 지도상으로 보자면 지금까지 대략 이십팔 킬로미터를 걸어왔던 것이다. 애초에 일정을 잡아놓기는 이곳 남창면에서 1박을 하기로 계획했었는데 지금 자꾸 딴 생각이 드는 게 갈피를 못 잡게 한다.

실제로 경험을 해보니 국도를 따라 걷는 것이 정말 위험천만한 일로, 해안 국도를 벗어나 내륙으로 접어든 이후부터는 급격히 좁아든 도로에서도 속도를 늦추지 않는 대형 트럭이나 버스들로 인하여 점점 구석으로 내몰려 아슬아슬하게 걸음을 이어왔던 것이다. 게다가 그들이 지나간 자리로는 어김없이, 지독한 매연과 먼지바람으로 한동안 눈과 코를 틀어막고 있어야 하는 곤혹스러움이 찾아들었다. 트레킹의 목적 중 하나라면 청정한 자연을 마주하며 맘껏 호흡하는 즐거움도 빼놓을 수 없는 그 하나일 텐데 말이다.

그러나 한편에서는 국토 순례를 시작했다는 말이 무색하게 하루 만에 포기해야 하는 것인가는 자존심의 문제가 슬슬 고개를 쳐든다. 애당초 주말을 이용하여 몇 개월이 걸리더라도 대장정을 마쳐보겠다는 야심찬 의도였던 것이다.

한참만에야 결심을 굳히고 정류소의 낡은 벤치에 기대앉아 대흥사행 시외버스를 기다리고 있다. 결국에는 자존심보다 안전성이나 건강 보호라는 현실의 문제를 따지기로 마음을 정한 것이다. 그래서 그 대안으로, 내일 하루는 해남 대흥사를 병풍처럼 감싸고 있는 대륜산을 종주해 볼 생각이다.

2008년 5월 2일

새벽같이 기상하여 대흥사에 들렀다가 본격적인 산행을 잠시 뒤로 미룬 채 등산로 입구에서 휴식을 취하는 중이다. 이젠 양말 벗는 일에 톡톡히 재미가 들려 시도 때도 없이 그늘을 찾아서는 털퍼덕 주저앉아 베이비파우더를 들이붓는다. 오르내리던 등산객들이 웬 이상한 녀석이 신기한 짓을 한다 싶어 흘낏흘낏 곁눈질을 해대며 내 앞을 스친다.

평소 같았으면 그 시선에 멋쩍어 얼른 자리를 옮기려 했겠지만 지금은 당신들도 한번 해보라는 듯이 뻔뻔하게 버티는 중이다. 사실 이 처방으로 나름의 효과를 보았던 게 오늘은 아무런 문제없이 경쾌한 도보를 내내 이어오고 있었던 것이다.

정면으로 대흥사의 전경이 한 눈에 들어온다. 순천의 송광사, 구례의 화엄사와 더불어 남도의 3대 사찰이라는 대흥사는 이번이 처음이었으나 과연 명불허전이 아니다 싶게 그 웅장함이나 짜임새가 일반의 여느 사찰과도 확연한 차이가 있고 게다가 무구한 세월을 견뎌온 고찰이라는 선입견 때문인지 경내의 분위기가 더욱 엄숙하게 느껴졌다.

대웅전 앞에서는 때 마침 사진을 전공하는 학생으로 짐작되는, 여기저기서 열심히 셔터를 눌러대던 젊은 친구가 눈에 띄기에 부탁을 하여 인물사진을 찍어보기도 했다. 당최 사진 찍는 걸 좋아하진 않지만 금번의 여행이 귀빠지고 난 이래로 두어 번째나 될 것 같은 나 홀로 여행인지라 한번쯤은 내가 주인공인 사진을 남기고 싶어서였다.

대흥사는 그 웅장함이나 짜임새가 일반의 여느 사찰과도 확연한 차이가 있어 경내의 분위기가 더욱 엄숙하게 느껴진다.

오늘은 부자가 된, 든든한 기분이다. 어제와 같은 실수를 되풀이하지 않겠다는 생각에 대흥사에 오르던 길로 생수와 초코파이를 넉넉히 준비한 것이다. 그래서 내 배낭은 오늘 하루 필요한 준비물로 어제보다 배가 더 불룩해져 있다.

엉덩이 아래로 가지런히 뿌리를 박고 있던 주먹만 한 자갈들이 더 이상은 견딜 수가 없는지 인정사정없이 내 엉덩이를 쪼아댄다.

'그래, 그만 쪼아대라. 나도 쉴 만큼 쉰 참이니 이제는 신발 끈을 단단히 조여 매고 본격적으로 대륜산을 향해 길을 나서 보련다.'

한참을 올라왔음에도 간간이 들리는 건 내 거친 숨소리뿐, 그 흔한 다람쥐조차 눈에 띄질 않는다. 그런데도 어제와는 달리 외롭다거나 지루하지가 않다. 오르는 길 내내 활짝 미소를 건네는 이름 모를 들꽃도, 들릴 듯 말 듯 연방 귀 언저리를 맴도는 산새들의 재잘거림도 어느새 벗이 되어 산행 길의 동반자 역할을 자처하는 것이다.

지금은 내려오는 길에 조우한, 머리칼 사이로 듬성듬성 하얀 눈이 내려앉은 초로의 등산객과 망년지우(忘年之友) 인양 나란히 어깨를 하고 있다.

언제부턴가 소심해지고 경계심만 늘어 이방인과는 좀처럼 말 섞기를 꺼려했기에 내 자신에게도 무척 낯선 광경이지만 오늘만큼은 내가 먼저 다가가 살갑게 인사를 여쭙고 있었다.

"수고가 많으십니다, 어르신. 오르는 길 내내 인적이 참으로 드물던데. 어떠셨나요?"

"대륜산이 이번 주에만도 세 번째 산이요. 어제 그제는 순천에서, 장흥에서 산을 탔는디, 평소에도 혼자 오르는 버릇을 들여놔선지 옆구리를 채워주는 사람이 없어도 그리 심심한지 모르겄소. 구름도 가고, 바람도 함께 가는 모두 내 소중한 친구들 아닌가."

내 눈을 빤히 쳐다보시는 시선이 그리 부담스럽지만은 않은 낯선 아저씨와 이렇게 첫인사를 교환하고 서로 말동무를 자처하며 하행 길을 나서고 있는 것이다.

두런두런 얘기를 나누던 차에 나는 뜻하지 않게 홀로 나섰던 이번 여행이 나름의 의미가 있다면서 새삼스레 깨달아 가는 중이라 고백을 한다.

"나도 말이시. 30년 넘게 서울에서 직장생활을 하다가, 몇 년 전에 귀향

을 했는디, 나도 그 때는 우리 젊은 친구와 매 한가지였제. 항상 익숙한 얼굴에, 모습들에 둘러싸여 있다 보니 뭐가 됐든 혼자 할라치면 일단 외롭다는 생각부터 들면서 기분이 축 처지는 것이어, 그래서 도통 엄두를 못냈었제."

"근디, 낙향한 이후로는 말이어. 말만 고향이지 이제는 아는 사람 찾는 것이 더 어려운 처지이다 보니 어쩔 수 없이 혼자 등산도 하고 낚시도 하면서 차츰 생각이 바뀌더라고. 나이 먹을 만큼 다 먹고 더 여물어지더라면 우스운 얘기지만 혼자 다니면서부터 사람이든 자연이든 내가 먼저 다가가고 문을 열게 되데. 그래서 오늘도 무신 인연인지 모르겄지만 젊은 친구하고 이렇게 세 시간이 넘도록 친구하면서 가고 있잖여."

그랬을 것이다. 어제도 오늘처럼 누군가가 끊임없이 다가와 내게 말을 건네려했을 것이다.

돌덩이처럼 무거워진 등산화를 질질 끌면서도 내딛는 걸음은 점점 더 경쾌해진다.

"이젠 너희들에게 더 이상 섭섭해 하지 않을게. 친구들아!"

무역 로를 개척하기 위하여 유쾌히 길을 나서는 실크로드의 캐러번인 양 새로운 목초지를 찾아 즐거이 말을 몰아가는 몽골의 유목민인 양 이틀이 더 남아 있는 나 홀로 여행을 내가 그렇게 채워가겠다면 불과 하루 만에 너무 오버하는 것일까?

도쿄에는 지브리 박물관이 있다

20세기의 인류사에서 금세기를 대표하는 문화 크리에이터로 미국에 월트 디즈니가 있다면, 일본에는 미야자키 하야오가 있다는 사실쯤은 이젠 삼척동자도 다 아는 진부한 얘기가 돼버렸다.

영국민들에게 있어 윌리엄 셰익스피어는 한 때 그들의 거대 식민지이자 소비시장이었던 인도제국과도 바꾸지 않는다는 문화적 자긍심이 대단했듯, 미야자키 하야오는 일본인들에게 있어서 대문호 셰익스피어나 인류 최고의 애니메이터 월트 디즈니에 버금가는 자국민들의 문화 아이콘으로 추앙받고 있는 것이다.

21세기는 무형의 자산이 최고의 산업적, 국가적 경쟁력이 될 것이라는 '콘텐츠의 시대'라 불린다. 과거 찰리 채플린이 연출한 '모던 타임즈'를 보더라도 개개인은 잘 짜인 매뉴얼에 따라 기술을 습득하고 작업을 수행

아시아에서는 첫 번째로 건립되었다는 도쿄의 디즈니랜드 전경.

하면 그만인 이른바 컨베이어벨트 방식이 절대선 이었던 '대량생산시대'가 있었다. 그러나 이제는 IT나 금융업 등 지력(知力)을 절대 기반으로 하는, 말하자면 개인의 상상력과 창의력에 의존하면서 생산성을 높여가는 '신산업시대'가 도래하고 있는 것이다.

제조업과 같은 전통 산업분야에서 조차도 창의력의 중요성은 더욱 강조되고 있는 추세다. 월스트리트 저널에 의해 세계에서 가장 영향력 있는 비즈니스 구루(Guru) 20인 중 하나로 선정되었던 노나카 니쿠지로 교수는, '같은 매뉴얼이라도 21세기의 매뉴얼은 근로자들의 현장 체험을 통하여 체득된 지식이나 경험을 체계화할 뿐만 아니라 구성원 개개인에 아이디어까지도 쏟아 부을 것을 요구함으로

코스튬을 즐겨 입는 일본 젊은이들의 모습이 이채롭다.

써 비즈니스 프로세스의 개선과 나아가서는 기업 혁신의 발판으로 활용' 한다는 것이다.

즉 현장에서의 프로세스가 판에 박힌 일상처럼 반복되는 듯 보이지만 그 가운데에서 구성원들은 끊임없이 창의력을 요구받게 되고 그에 따라 개선과 혁신이 반복 발생하는 이른바 '크리에이티브 루틴(Creative Routine)' 이라는 점에서 과거와는 크게 다르다는 것이다. 21세기에 들어 개인의 창의성이 얼마나 강조되고 있는지 여실히 보여주고 있는 대목이 아닐 수 없다.

2007년 10월 마지막 주, 그리 길지 않는 아이들의 가을방학을 맞이하여 가까운 일본 도쿄에 위치한 디즈니랜드를 찾기로 했다. 금번 여행은 5박6일 간의 일정으로 디즈니랜드와 디즈니 씨 그리고 미야자키 하야오의 지브리 박물관을 둘러보기로 한 것이다.

우리가 묵게 될 호텔에서 디즈니랜드가 한 시간 이상 떨어져 있는 관계로 그 곳을 오가는 시간에다 꼭두새벽부터 구름같이 밀려드는 인파로 인하여

이제는 아이들도 슬슬 지쳐 가는지 한동안 의자에서 일어설 줄 모른다.

정작 구경하는 시간보다 줄을 서고 차례를 기다려야 하는 시간이 압도적일 거라는 사전 정보에 따라 체력적인 조건이 양호한 여행 초입에 디즈니랜드를 우선 방문하기로 했다.

드디어 닷새째 되던 날 아침, 우리 네 식구는 지브리 박물관으로 향하고 있었다. 아이들 입장에서야 지브리 박물관보다는 디즈니랜드나 디즈니씨가 더욱 흥미로웠을 일이나, 나나 집사람의 경우 유학시절 동안 미국 플로리다에 위치한 디즈니월드를 이미 다녀온 적이 있던 터라 도쿄의 디즈니랜드가 딱히 새로울 건 없었다.

그 전날 슬슬 바닥이 드러나는 체력을 조금이나마 비축해 놓고자 도쿄 시내관광을 일찌감치 끝내버렸던 때문인지 우리 네 식구 중 어느 누구도 두어 번 지하철을 타고 또 다시 버스로 갈아타는 다소 번거로운 행로에 대해 일언반구 불평이 없었다.

도쿄의 인근 도미타카시 이노바시라 공원 내에 자리를 틀고 지난 2001년 개장했다는 지브리 박물관은 10월 말이라고는 믿기지 않을 만큼 따사로운 햇살로 가득 채워져 있었고 다소 이른 시간임에도 예상치를 넘어서는 외국인 관광객들 그리고 꼬마 아이를 대동한 엄마의 행렬로 길게 줄을 늘어뜨리고 있었다.

매표소 직원의 친절한 안내를 받으면서 한 줄로 늘어선 우리는 어느새 박물관 입구에 발을 들여 놨다. 1층 로비에는 반백의 미야자키 하야오 감독이 금이야 옥이야 했을 애니메이션의 주인공들이 그들 나름의 포즈로 우리를 반갑게 맞아준다. 그들을 한눈에 스치고는 곧장 원추형의 좁다란 계

인공섬 오다이바에 위치한 도요타 자동차 전시관에서 경주 체험에 푹 빠져있는 관우의 드라이빙 자세. 제법 진지한 모습이다.

우승이라도 한 걸까. 거드름을 한껏 피우는 유진이의 모양새가 그럴 듯하다.

단을 타 올라가는데, 별안간 한 쪽 구석에 수줍은 듯 자리한 그의 작업실과 맞닥뜨렸다.

그 곳에는 미야자키의 작품에 사용된 사진, 일러스트, 그리고 이름 모를 각종 장비들이 전시돼 있었다. 미야자키 하야오와 그 제자들이 머리를 싸매고 끙끙거렸을 책상 너머로 색 바랜 파이프 담배와, 지금이라도 진자줏빛 커피향이 넘실댈 것 같은 이 빠진 커피 머그, 땅콩 부스러기가 널브러져 있어 마치 눈앞에서 미야자키가 작품을 구상하고 스케치하는 양 그의 일상을 상상해볼 수 있었다.

3층에는 취학 전후의 아이들로 탑승이 제한된, 일명 고양이 버스라 불리는 '토토로 버스'가 설치돼 있어 이미 동심의 세계에 흠뻑 빠져있는 아이들이 버스 속을 들락거리며 즐거워라 하는 모습이 눈에 들어온다. 우리는 그곳에서 순식간에 땀에 젖어드는, 언뜻 보기에도 다른 애들보다 머리 하나가 더 있어 어렵잖게 주변을 제압해가는 관우의 활약상(?)을 잠시 구경하다가 건물 바깥쪽으로 방향을 틀었다.

'천공의 성 라퓨타'에 등장하는 키가 대략 6미터 쯤 돼 보이는 로봇 병사가 떡하니 옥상 한 가운데 버티고 서서 그 위세를 자랑 중이다. 내부 사진촬영을 금하고 있는 박물관의 규정 때문인지 셔터를 누르고파 안달이 난 사람들이 삼삼오오 모여들어 거대한 로봇 병사를 모델로 사진을 찍느라 시끌벅적하다.

그러나 내게 있어 최고의 구경거리는 무엇보다도 1층 소극장에서 상영되는, 온갖 종류의 유령들을 희화(戱畵)화한 애니메이션이 아니었나 싶다. 일본에서는 흔히 신을 가미사마(神樣)라고 부르는데 사람이 죽으면 악한 자였든 선한 자였든, 영웅이었든 일개 필부였든 간에 사후에는 모두 자연으로 돌아가고 그것이 신이 되는 것이라 믿는다. 이는 동물이 죽어서도 마찬가지. 더욱이 나무나 돌과 같은 사물까지도 신이 될 수 있다고 믿는단다.

지브리 박물관으로 향하던 중 어느 누구도 두어 번씩 지하철을 타고 버스로 갈아타는 다소 번거로운 행로에 일언반구 불평이 없었다.

내부 사진촬영이 금지된 박물관의 규정 때문인지 셔터를 누르고파 안달이 난 사람들이 옥상의 거대한 로봇 병사를 모델로 사진을 찍느라 시끌벅적하다.

국내의 테마파크에서는 볼 수 없었던, 바다를 주제로 한 디즈니씨가 디즈니랜드보다 흥미로웠던 게 사실이다.

무릇 '모든 사물에는 영혼이 깃들어 있다'는, 어찌 보면 원시시대에나 어울릴 법한 애니미즘(Animism)이 세계제일의 기술 강국 일본에서 그것도 그들이 자랑해 마지않는 소니나 혼다의 실험실에서 연구에 몰두하고 있는 엔지니어의 진지하고도 근엄한 모습과 오버랩이 되면서 영화를 보는 내내 실실 웃음보가 터져 견딜 수가 없었던 것이다.

안내자의 말마따나, 지브리 박물관은 이처럼 정기적으로 소극장용 단편 애니메이션을 제작 · 상영할 만큼 미야자키 하야오의 정성이 묻어나 있었고 건물 설계는 물론 소품 하나하나까지도 그가 직접 구상하고 만들었다 하니 가히 박물관에 대한 그의 관심과 사랑을 짐작하고도 남음이 있었다.

돌아오는 길로 내내 어느 샌가 전 세계 '아니메(Anime)' 마니아들의 성지가 되어버린 지브리 박물관이, 그리고 세계적인 문화 크리에이터 미야자키 하야오를 콘텐츠로 보유하고 있는 일본이 부럽다는 생각에 배가 아파올 지경이었다.

그런데 정작 귀국을 하고서야 우리나라에는 나처럼 배가 아픈 사람이 그다지 많지 않음에 놀라고 있었다. 실로 인터넷을 통해 접했던 우리 젊은 세대의 시각은 천편일률적인 것으로 적지 않은 평론가들이 그의 재능은 인정하나 인간 됨됨이 등을 이유로 그의 가치를 평가절하하고 있었고 너나 할 것 없이 대부분의 댓글들도 여기에서 크게 벗어나지 않는 분위기였다.

이를테면 미야자키 하야오 자신이 지나칠 정도로 일본인으로서의 특권의식을 가지고 있다거나 혹은 그의 인종 차별 주의적 사고와 언행을 문제 삼는 식이었다.

미야자키 하야오 감독으로 오해하고는 박물관의 노(老)직원과 한 커트 사진을 찍었다.

특히 흑인에 대한 미야자키 하야오의 비뚤어진 선입견이 대표적인 예로, 등장인물들을 보면 하나같이 백인을 동양화시킨 하얀 피부로 일관하고 있다는 것이다. 엄연히 세계 전체 인구의 삼분의 일 가량을 차지하는 흑인 캐릭터는 일체 내보이지 않을 정도로 철저히 흑인에 대해서만큼은 인색한 입장을 고수하고 있고 더욱이 이 점에 대하여 미야자키 하야오는 흑인의 컬러가 자신이 추구하고자 하는 색채에 부적합하다는 대답으로 간단히 일축하고 있다는 것이다.

미야자키 하야오의 이러한 측면은 그가 지금까지 보여주었던 작품 관에 비추어볼 때 '미래소년 코난' 이나 '천공의 성 라퓨타' 등 그의 작품 세계마다 인간미 넘치는 이상향의 공동사회를 그리는 바와는 배치되는, 그의

폐장시간까지 악착같이 구경을 하고는 숙소로 돌아오곤 했다.

인격적 이중성을 의심치 않을 수 없다는 것이다.

말하자면, 작품을 통하여 모든 유의 인간이 어우러지는 공동체 사회의 휴머니즘을 강조하고 있는 작가가 특정 인종에 대하여 편파적인 감정을 가지고 있다는 사실은 쉽게 간과해버릴 사안이 아니라는 주장이었다.

물론 비평은 평론가들의 몫이자 업(業)일 테니 이에 기초한 비판 정신은 존중되어야 옳을 일이다. 그럼에도 불구하고 적이 우려가 되는 바는 젊은 세대들 모두가 자칭 평론가인 양 아니면 비평을 업으로 희망하고 있기라도 하듯 바라보는 시각이 너무도 한 쪽으로만 치우쳐 있다는 사실일 것이다.

그런 측면에서라도 작가라고 하는 자연인으로서가 아닌, 공공재로서의 미야자키 하야오의 산업적 혹은 경제적 파급효과는 과연 어떤 것일지 유추해볼 필요가 있다.

영국의 대문호 셰익스피어는, 365일 1년 내내 전 세계 어디에서도 그의 작품이 연극으로, 뮤지컬로 또는 영화나 TV드라마로 제작되고 있다. 심지어 원작에 가장 가까운 연극과 뮤지컬을 감상하기 위하여 세계 곳곳에서 셀 수 없이 많은 사람들이 지금도 영국 런던의 웨스트엔드로 모여들고 있고 셰익스피어가 묻힌 그의 고향으로도 관광과 애도의 행렬이 끊이지 않고 있는 것이다.

현존하는, 영국이 배출한 또 하나의 세계적인 베스트셀러 작가 조엔 롤랑을 보자.

그녀는 지금까지야 그의 선배 격인 셰익스피어에 비하면 말 그대로 초짜에 불과하지만 머지않은 시일 내에 그녀의 조국, 영국에 거대한 부와 명예를 안겨다줄 미래의 블루칩 브랜드이다. 미국의 경제잡지 포브스가 집계한 바에 따르면, 그의 판타지 소설 〈해리 포터〉는 1997년 출간된 이후 이미 연간 5조 7,000억 원에 달하는 경제적 가치를 창출하고 있다는 전언이다.

그렇다면 80여년이라는 세월 동안 혼자 늙지도 않고 어린이들의 곁을 지켜주고 있는 생쥐 친구 미키마우스를 탄생시킨 디즈니는 어떨까?

20세기 초 미국 서부의 어느 초라한 골방에서 시작되었던 디즈니라는 브랜드의 소 문화집단은 이후 다국적 문화기업으로 성장하여 전 세계 어린이들의 동심과 어른들의 호주머니마저도 제 집 드나들 듯이 마음대로 들락거리는, 이제는 연매출 34조원의 디즈니 왕국으로까지 불리고 있는 현실이다.

그런데 이처럼 디즈니 왕국의 창시자이자 문화를 산업의 영역으로까지 끌어올림으로써 인류 진보에 기여했던 월트 디즈니에게도 극우주의자, 노조 파괴자, 인종차별주의자, 심지어는 '진정으로 어린이를 사랑하지 않는 자' 라는 비평이 내내 함께 했었다는 것이다.

'세상은 넓고, 할 일은 많다' 며 어느 대기업 총수가 젊은이들을 향해 일갈하지 않았던가.

바라건대 그들은 '그들 앞에 놓인 세상이 어디로 흘러가고 있으며 그 속에서 펼쳐지는 많은 일들을 두고 정작 자신은 소외되고 있지는 않은지' 진지하게 반문해볼 일이다.

이와 더불어 '비판이 됐든 칭송이 됐든 의문을 품거나 문제조차 제기하지 않는 그래서 다양성이 존재하지 않는 사회는 더 이상의 발전이 없다' 는 평범한 진리도 끝으로 되새겨 봤으면 한다.

피할 수 없는 현실, '노마디즘'

정치와 경제, 인문과 예술의 경계를 넘나드는 연구와 저작 활동으로 자타에 의해 괴테 이후 그에 가장 근접한 유럽의 지식인으로 이름을 떨치고 있는 프랑스의 사회학자 자크 아탈리(Jacques Atali)는 '불에서 예술, 글자에서 야금술, 농경에서 음악에 이르기까지, 그리고 신에서 인간에 이르기까지 모든 인류 문명의 토대는 호모 노마드(Homo Nomad) 즉 유목하는 인간이 만들어 냈다' 고 주장한다.

다시 말해서 '태초의 인간인 유목민들이 불과 언어, 종교와 민주주의, 시장과 예술 등 문명의 실마리가 되는 것들을 고안해 냈다면 그 후 정착민들이 발명해낸 것은 고작 국가와 세금 그리고 감독과 같은 굴레와 착취 뿐' 이었다는 것이다.

그의 이러한 주장에 언뜻 동의하기란 쉽지가 않지만 러시아의 지성 알렉

우리의 2세들은 성장기 동안 조기유학이나 어학연수를 위해
멀리는 지구 반대편의 오지에까지 진출한 교육 유목민이다.

산드르 푸쉬킨 같은 이조차 - 그의 조국 러시아는 12세기를 기점으로 300여 년 동안 몽골제국으로부터 혹독한 지배를 받은 적이 있었다 - '몽골제국이 세계사에 기여한 바는 아무 것도 없다' 고 혹평했을 만큼 세계사에서 유목민들의 기여도와 존재감은 정착 문명에 의해 과소평가되어 왔던 것도 사실이다.

그럼에도 불구하고 누가 무슨 말을 했건, 원하든 원치 않던 간에 역사는 개의치 않고 돌고 도는 중이다.

굳이 자크 아탈리의 말이 아니더라도 태초의 문명은 우리 조상들의 유목하는 습관으로부터 비롯되고 있었다. 이후로 일정 지역에 뿌리를 내려 농경 생활을 영위하는 정착 문명이 장시간에 걸쳐 뒤를 잇고 있었다면 기원전 800년 이후 약 2500년 동안은 유목 민족이 유라시아 대륙을 군사적으로 지배하기도 했었고 중세에는 몽골의 전사들이 그들의 주 무대인 중앙아시아의 실크로드를 넘나들며 유럽까지도 두려움에 떨게 했던 시기가 한때 출현하기도 했던 것이다.

이후 비교적 정착 문명에 가깝다고 할 수 있는 산업화 시대가 농경문화와 공존하는 듯싶더니 21세기에 접어들어 인류는 다시금 점점 노마드화 되어가는 추세이다. 더욱이 인터넷과 같은 정보통신의 발달로 지구는 이미 감각적으로 1일 생활권에 편입되었으며 머잖은 장래에 지금보다도 훨씬 가속화될 대중교통 수단의 발달에 따라 그 사회적, 문화적 경계선이 더욱 모호해질 것이기 때문이다.

이런 노마드의 추세는 이미 사회학적인 관찰에 의해서도 여실히 증명되고 있다. 요즈음 대부분의 젊은 세대들에게 있어 명절이란 농경문화의 끝자락에 있는 그들 부모 세대와는 달리 조상 대대로 이어지는 끈끈한 혈연이 파노라마처럼 재생되는, 고향을 찾는 특별한 날이 아니라 그저 달력에 빨갛게 표시된 휴일 중의 하루로 치부되고 있다는 사실이 그 하나의 사례다.

사회학자 송호근 교수에 따르면, '1960년대 이후 산업화시기에 출생한 젊은 세대 중 압도적인 수가 이동과 이사가 잦은 대도시의 아파트촌에 그 뿌리를 두고 있어 전통적으로 군집 생활에 바탕을 둔 농경문화를 대표하는 명절의 이미지와는 더 이상 부합되지 않을 뿐더러 전 세계 60억의 인구 중 10억 명 이상이 이민자나 해외 유학, 취업자 또는 중장기 여행자일 정도로 그 근거지를 빈번하게 바꿈에 따라 고향의 의미는 더욱 퇴색되고 있다' 는 것이다.

김필규. 그는 세계를 유목하는, 나의 아버지뻘 되는 60대 노신사이다. 그는 하루건너 하루로 신문 지면을 화려하게 장식하면서 여의도 정가를 쥐락펴락하는 유력인사도 아니며 이건희 회장처럼 대그룹을 호령하는 세기의 기업인도 아니다. 그저 얼마 전까지 만도 반평생을 넘게 중소기업을 경영해 왔던 보통 사람에 불과하다. 물론 우리와 같은 보통 사람들보다야 조금 더 부유하다는 점이 다르긴 하지만 말이다.

그럼에도 유명인도 아닌 평소 일면식조차 없던 그에게 기꺼이 지면을 할애하고자 했던 이유는 아마도 이 분이 머잖아 우리 모두의 고개를 끄덕일 수 밖에 없게 만들, 미래의 트렌드를 읽고 있는 선구자 격이기 때문일 것이다.

여기서 잠시 그의 삶을 들여다보자. 지난 40년간을 제대로 된 휴가 한번 없이 치열하게 살아오다 어느 날 문득 그만 하산하라는 산신령과 같은 친구의 충고로 그간의 생활패턴을 미련 없이 버렸다는데, 그의 얘기는 이렇다.

어느 날 서울을 방문한 스위스인 사업 파트너에게 프랑스의 유명 건축가장 미셸 빌모트의 설계로 집을 짓고 있다는 자랑을 했다가 아주 따끔한 충고를 들었다는 것이다. 다가올 미래의 노후는 유목민처럼 살아야 한다며 베이스캠프는 근거지에 조그맣게 만들어두고 서너 군데 좋은 곳에 소박한 거처를 마련해 둔 뒤 그때그때 상황을 봐가며 이동하면서 살아야 한다는 주장이었단다. 그래서 자신도 취리히에 있던 집을 애진 작에 줄이고 봄에는 이태리의 피렌체에서, 가을에는 스페인의 안달루시아에서, 그리고 겨울에는 스키 리조트에 타임 셰어용 콘도를 장만했다는 것이다.

이후 김필규 씨는 건축 중이던 서울 평창동의 가옥을 처분하고 그 자금을 종자돈으로 하여 캐나다의 밴쿠버에 아담한 콘도를 구입한 뒤 지금까지 그 곳에서 거주하는 중이란다. 그러면서 가까운 시일 내로 스페인 카타리나 지방의 작은 마을에 조그마한 집을 한 채 더 마련하여 카미노 데 산티아고의 800km 순례 길을 다녀와서는 중앙아시아의 실크로드에도 도전할 계획이라는 것이다.

최근 미국의 맥아더 재단은 새로운 인생주기에 관한 연구보고서 '성공적인 노화'를 발표했는데, 이를 살펴보면 1~25세는 교육기간, 25~50세는 청춘기, 50~75세는 중년기, 그리고 75세가 되어야 비로소 노년기가 시작

전 세계 60억 중 10억 명 이상이 이민자나 해외 유학, 취업자 또는 중장기 여행자일 정도로 그 근거지를 빈번하게 바꿈에 따라 전통적인 고향의 의미는 더욱 퇴색되고 있다.

된다는 것이다.

이처럼 아버지 때보다도 훨씬 늘어날 예상 수명에도 불구하고 50대 후반이나 60대 초반 쯤에 퇴임을 하여 맞벌이에 나선 아들, 딸을 대신해서 손자, 손녀 뒤치다꺼리를 하고 한편으론 1년에 한두 번씩 잠시나마 바깥세상으로 나들이하는 것에 만족하면서 무료하고 지루한 여생을 보낼 것인가. 아니면, 아이들에게 제발 우리 곁을, 대한민국을 떠나지 말아 달라고 애원할 것인가.

우리의 2세들은 도시의 병원에서 출생하여 아파트촌을 이리저리로 옮겨 다니며 성장한 산업화 세대와는 군집에 익숙지 않다는 점에서 분모를 공유하고 있을 뿐 성장기 동안 조기유학이나 어학연수를 위하여 멀리는 지구 반대편의 오지에까지 진출한 교육 유목민이자 배낭여행, 워킹홀리데이, 그리고 해외봉사체험을 위하여 수시로 해외를 들락거리는 여행 유목민이기도 하다.

다시 말해서 그들은 '세계는 하나'라는 사실을 그들 상상 속에서가 아니라 직접 삶 속에서 체감하며 성장하는 세대이다. 그러므로 글로벌 감각과 언어능력을 갖춘 그들에게 있어 활동 무대란 대한민국에 국한되지 않은,

전 세계의 어느 곳도 가능하다는 얘기인 것이다.

팔자 좋은 소리라며 나는 여유가 없으니 노마디즘은 남의 일이라 치부하지도 말라.

해외가 부담이 된다면 우리나라에도 얼마든지 머물 수 있는 장소는 널려 있다. 한국의 나폴리라 불리는 경남의 통영, 아름답고 먹거리가 다양한 전남의 담양 등 우리 안에서도 찾을 수 있는 곳은 얼마든지 가시권 내에 존재하고 있기 때문이다. 게다가 지금은 필리핀이나 말레이시아와 같은 동남아 국가들에서 은퇴 후 거주할 주택을 타임 셰어용으로 분양하는 업체들도 속속 등장하고 있는 현실이다.

정말로 이도 저도 해당사항이 없다고 판단한다면 남은 인생에 대한 관점만이라도 바꿔야 할 것이다. 연구보고서 '성공적인 노화'는 개인이 지닌 노화의 차이란 유전의 문제라기보다 라이프스타일의 문제라고 결론짓고 있듯 남은 날들을 의미 없이 훌쩍 떠나보내기 싫거든 즉시 마음을 다잡아보라.

"어느 날 문득, 우물쭈물하다가 이렇게 될 줄 알았다."

언젠가 버나드 쇼가 했던 말이다. 지금도 늦지 않았다.

걷는다는 것은

'나는 매일 걷는다.'

매일을 걷는다고 하면 혹자는 세상 어느 누가 날마다 조금씩이라도 걷지 않는 사람이 어디 있느냐며 오히려 내게 반문할 것이다. 그런데 여기서 걷는다고 하는 것은 행선지를 정해놓고 그 곳에 도달하기 위해 걷는 일련의 과정을 일컫는 것이 아니다. 걷기 자체가 그 목적에 해당하는, 말하자면 운동 삼아 그리고 더욱이나 걷는 것이 즐거워 기꺼이 집 밖을 나서는 행위를 일컫는 것이다.

애초에 걷기를 운동으로 삼았던 까닭은 몇 가지 이유에서 비롯되고 있었다. 사회 활동을 피할 수 없는 수많은 사람들 중 나 또한 하나다 보니 가장 간편하게, 어디에서고 아무 때나 할 수 있다는 편의성에 의해 걷기 시작했다.

집 근처 북한산 자락은 내가 가장 애용하는 산책 코스 중 하나다.

마포 상암동에 위치한 하늘공원은 억새풀이 흐드러지게 만발하는 가을이, 특히 산책에 나서기엔 절정의 시기라 할 수 있다.

한 때는 직장의 동료나 학창시절의 친구들과 테니스 모임을 가져본 적도 있었고 잠깐이나마 골프에 푹 빠졌던 적도 있었다. 그러나 골프나 테니스와 같은 단체운동은 아무래도 서로 간에 시간을 맞추기가 말처럼 쉽지 않아 자주 나설 수가 없다보니 혼자서도 해결이 가능한 걷기로 그 대안을 삼았던 것이다. 물론 러닝슈즈 하나면 모든 것이 해결되는, 아마도 세상에서 가장 저렴한 운동이라는 점 역시 내가 선뜻 걷기에 나섰던 까닭인 듯도 했다.

그렇게 길 위에 나선 이래로 이젠 어언 십여 년이 돼 간다. 그래서인지 요즘은 웬만한 약속이 있지 않은 이상 저녁 식사 후에는 한두 시간 정도 집 주위를 산책하는 것이 일상화되어 있거나, 아니면 설사 저녁 약속이 있다 하더라도 귀가 길에는 반드시 몇 정거장을 앞서 내리거나 아예 시내에서 집까지 걸어 들어가기도 한다.

그리 걷다보면 온갖 잡념들이 머릿속을 드나든다. 한 가지 생각을 하기가 무섭게 바로 뒤엔 또 다른 생각이 꼬리를 물고.

우선순위를 정해둘 필요도 없다. 자기네들끼리 앞서거니 뒤서거니 머릿속을 들랑거리다가 마주치면 서로 으르렁거리며 싸워대는 것이다. 나는 그저 힘차게 걸음걸음을 내디디며 모든 생각이 왔다 갔다 할 수 있도록 교차로가 되어 머릿속을 내어줄 뿐이다. 그런데 신기하다면 집에 다다를 즈음이면 어김없이 그 다양한 생각들이 어느덧 질서정연하게 서로 소통을 하고 있다는 것이다.

그간 부단히도 걸으면서 나는 불현듯 한 가지 사실을 발견하고 있었다. 걷기란 익히 알려진 바와 같이 신체 운동에 도움이 될 뿐만 아니라 정신 건강에도 활력을 불어넣어 준다는 사실을.

그래서 나는 워크홀릭(Walkholic)이라고 자타가 공인하는 제일기획 최인아 전무의 말에 동의하지 않을 수 없다. '생각이란 두뇌의 특정 부위가 관

강변 고수부지는 주말이면 롤러블레이드와 바이크족, 그리고 경보를 즐기는 사람들로 북적거린다.

장하는 활동이 아니라 온 몸으로 참여하는 활동' 이라는 주장에 말이다.

그녀는 말한다. "걸으면서 나는 새로 알았다. 생각이란 두뇌의 특정 부위가 관장하는 활동이 아니라 온 몸으로 참여하는 활동이라는 것을. 배낭을 멘 어깨부터 걸음을 떼놓는 다리와 그 걸음걸음을 지지하는 발바닥까지, 그리고 앞뒤로 흔드는 팔까지 온 몸이 협력하여 벌이는 종합적인 심신활동이라는 것이다. 그렇게 온 몸을 흔들어 도달한 생각은 책상 위의 생각보다 훨씬 더 단단하다. 그러니까 예로부터 많은 철학자들이 산책을 즐겨한 데는 숨은 이유가 있었다. 그들은 온 몸으로 철학을 했던 것이다."

그렇다. 내게 걷는다는 것은 다이어트나 신체의 건강에 유의미하기 때문만은 아니다. 스트레스에 잔뜩 찌든 피가 아닌 신선한 피를 머리에까지도 돌게 해주고픈 마음이 바로 내가 매일 걷기를 마다않는 이유이며 앞으로도 계속 걸어야 할 이유인 것이다.

<the end>